마음 닿은 모든 곳에
내가 있었다

# 마음 닿은 모든 곳에
# 내가 있었다

최은경

좋은땅

# 마음 닿은 모든 곳에 내가 있었다

책을 내고 싶다는 생각을 무심코 한 적이 있다. 그 생각은 자연스럽게 내 마음에 들어와 자리를 잡고 싹을 틔우기 시작했다. 하지만 마음은 평범한 날들 속에서 무심히 지나쳐 갔고, 잊혀 갔다.

그런 삶 가운데서도 천천히 그리고 꾸준히 나는 내 마음을 살폈다. 불현듯 시가 찾아올 때면 시어를 낚아 나만의 시를 쓰고, 나의 안팎을 살피고 싶을 때마다 생각을 모아 일기를 썼다.

글이 하나둘씩 모이자, 글 속에 담긴 오롯한 나 자신과 있는 그대로의 내 삶이 보이기 시작했다. 나라는 사람이 누구인지 또 어떤 삶을 살아가고 있는지 담담하면서도 때론 장렬하게 표현된 글들이 차곡차곡 쌓여 갔다.

시각적으로 보이는 것이 아니라 언어라는 힘을 빌려 나 자신을 표현하는 일은 생각보다 쉬운 일이 아니었다. 생각이라는 것은 지금, 이 순간마저도 지나가는 흐름 속에서 호흡을 정리하고 다잡아야만 했다. 그렇게 생각한 것들을 언어화하는 과정은 때로 멈춰 있던 두뇌와 멈춰 있는 나 자신을 계속해서 자극하며 나아가게 만들어 줬다.

그래서 지금, 여기에 내가 있고, 생각하는 이유가 있으며 행동하는 삶이 평범한 글 속에 담겨 한 권의 책이 되었다고 생각한다. 이것은 온전한 '나' 자신이면서 한 사람의 '아내'이자 딸들의 '엄마'이고, 엄마 아빠의 '딸'인 모든 존재의 내가 모여 남긴 삶의 흔적과 다름없다.

물론 조금은 지루하고 어수선할 수 있는 글이지만 그 언어 속에서 나는 존재 이유를 되새기며 앞으로 나아갈 수 있는 삶의 지혜와 용기를 얻을 수가 있었다.

오늘은 다시 반복되는 일상이다. 그러나 매일 똑같은 일상은 없었다. 고맙게도 매일 새로운 날들이 나에게 주어졌다. 이 안에서 감각하고 움직이는 다채로운 내가 모여 어제의 나는 새로운 오늘의 내가 되고, 또 새롭게 기다려지는 내일의 내가 되어만 간다.

그렇게 아주 작은 내가 용기를 내어 마음 닿고, 스치고, 지나친 모든 곳에서의 나를 이 세상에 슬며시 남겨 본다.

2025년 6월

나의 삶 윤창
윤이 그리고 이제를 생각하며
다정한 마음으로 책을 쓰다.
사랑해. 고마워. 행복해.

# 차례

## 1부 시

## 시로써만 표현할 수 있는
## 언어 속에 내가 있었다

## 2부 에세이

# 오롯이 존재하도록 만드는
# 글 속에 내가 있었다

*맞춤법에 어긋난 표현들도 있지만 글의 문맥을 살리기 위해 사용하였으므로 고려
　하여 읽어 주시면 감사하겠습니다.

# 1부

# 시

## 시로써만 표현할 수 있는 언어 속에 내가 있었다

"시를 읽는 것은 자기 자신으로 돌아오는 것이고, 세상을 경이롭게 여기는 것이며, 여러 색의 감정을 경험하는 것이다. (중략) 소리 내어 말해진 모든 단어들은 사실 공기의 떨림에 불과하다. 하지만 어떤 공기의 떨림들은 모여서 시가 되고 노래가 된다. 그 속에 삶의 떨림이 깃들어 있기 때문이다. 시는 우리의 숨결이 만드는 것이고 우리의 숨결을 만드는 것이기도 하다."

– 《마음챙김의 시》 (류시화, 수오서재, 2020) 중에서

## 나는 분명

나는 분명
그랬을지도 모른다
나약할 수 있었지만
강인해지길 선택했다
지식을 쌓을 수 있었지만
지혜로워지길 선택했다
안정적일 수 있었지만
도전을 선택했다
인정받을 수 있었지만
개인의 의지를 선택했다
다수의 관계보다
소수의 의리를
침묵 속의 평화보다
외침 속의 자유를 선택했다
타인의 기대와 바람보다
내 방식대로의 삶을
내 인생의 주인이 되는
삶을 살길 선택했다

나는 분명
그랬을지도 모른다
선택이 중요하지만
어떤 선택에도
옳고 그름이 없음을
간절한 바람들로 이루어 낸
오롯한 선택들만 있음을
찰나에 깨닫게 되었다

그렇게 나의 인생이
봄 여름 가을 겨울
사계절을 이루어 간다

# 기도

방황하는 두 손
허공을 가르며
동떨어진 두 손
이 두 손 맞잡아
기도하게 하소서

다른 이의 손을
꼭 잡게 해 주소서
할 수 있는 것이
이것밖에 없다면
이 두 손 맞잡아
삶을 위로하는 기도하게 하소서

빈손이 아니라
할 수 있는 모든 것이
이 두 손에 가득 차 있음을
깨닫게 해 주소서

마음 닿은 모든 곳에 내가 있었다

## 나에게 하는 말

다른 누구도 아닌 내가 나라는 것은
때론 낯선 일이다
어떤 누구로 대체할 수 없고
다만 나일 수밖에 없는 이
숙명적 만남에 때로는
울고 싶고, 때로는 묻고 싶다
나는 누구인가
모든 순간이 나였고
모든 여정에 내가 있었다
삶이 내게 답했다
나는 무엇이 되고 싶지 않고
나는 온전한 나이고 싶다고[1]

---

1 "난 무엇이 되고 싶지 않고, 난 나이고 싶다." 《버리고 떠나기》(법정, 샘터사, 2001)
   차용.

## 적막

아무리 고요해도
제아무리 적막해도
마음이 그렇지 못한 밤이면
쉽게 잠들지 못한다
사방은 어둠이 내려
눈을 감고 귀를 닫고 있지만
적막의 시간이
화려하게 춤추며
내 영혼을 일깨우는 밤이다
틈조차 없이 빡빡하게
가득 찬 마음 사이로
이 밤의 시간마저
흘러 들어오지만 나는 결코
거역할 수 없다
그것은 살아 있는 생명이고
어떤 존엄성과 연결되었기에
내일이면 사라져 없어질
오롯한 언어들이 요동친다

마음 닿은 모든 곳에 내가 있었다

지금에 태어나
찰나의 죽음을
기꺼이 순응한
적막의 언어들

## 삶의 소명에 대한 성찰

나라는 사람은 어떤 사람인가
묻고 답하기에 앞서 지그시 눈을 감아 본다
캄캄한 어둠처럼 내 존재마저도
아득하게 느껴지는 순간
눈부시게 빛나는 태양처럼 반짝이는
무엇을 발견했으니
그것은 다름 아닌 삶에 대한 소명
지금까지 나는 누구인가 나는 어떤 존재인가
내가 하는 이 일은 어떻게 나를 존재케 하는가
숱한 물음들로 가득했다
그러나 나는 삶의 소명을 발견한 순간부터
내가 왜 존재해야 하는가에 대한 확신과
믿음이 가득 들어차는 환희를 느꼈다

삶이 물음에서 비롯되어 해답에 이르기까지
지금의 과정이 곧 존재 자체임을 내게
순수한 모습 그대로를 보여 주니 나 또한
환희에 찬 이 기쁨 그대로

삶에 소명을 다하여 충만히 살아가야겠다

# 4월에 부치는 시

누군가는 죽음을 맞이했던 날
누군가는 생명의 잉태를 알리고
누군가는 부부의 연을 맺은 날
누군가는 여전히 보낸 적 없는 이를
애타게 애타게 그리워하는 날
매일 뜨고 지는 해와 달 사이에
우리의 삶과 우리도 모르는 삶의 시간이
무수히 새겨진다 그것은 마치
무수히 빛나는 별들처럼

별들아 더 찬란히 빛나렴
어둡고 깊은 밤하늘 가득 수놓고
빈 가슴으로 우수수 떨어지렴
슬프지 않게
외롭지 않게

# 의도치 않은 일

일직선으로 그어야 해
선을, 하지만 삐뚤
어긋나고야 만다
바르게 적어야 해
글을, 하지만 삐뚤
흐트러지고야 만다
자를 대고 그을걸
아니야 애초에 쓰질 말걸
올곧지 못해서 드는 후회
이미 시작한 일들이
의도치 않게 어긋나고
흐트러지고야 말았다
그래서 네가 아프고
그래서 당신이 힘들었구나
하는 생각이 의도치 않게
엇나간 선들을 보며
그제야 깨닫고 만다

## 이름을 붙이며

아주 작은 아픔을 고통이라
이름을 붙였다 일어난 일들이 모두
고통스럽다고 울음으로 물었다
번지는 물 위로 또다시
눈물이 흘렀다 그 안에서
내 모습은 찾을 수가 없었다
한참을 붙들고 일어날 수 없어
가슴은 메말라 갔고 나조차도
말라 가고 있었다 그 사이
고통이라 부르던 이름들은
빛을 잃고 사라져 갔다
흔적도 없이 사라지면
흘러간 시간 기억 과거를
행복이라 이름 붙이며 곱씹을 수 있을까
아무것도 없는 삶을
아무것도 남지 않은 삶을
나는 아름답게 바라볼 수 있을까

마음 닿은 모든 곳에 내가 있었다

## 기억해 줘

기억할 수 없을지라도
기억할 수 없는 시간일지라도
우리의 눈 맞춤에 담긴
사랑 행복 축복 평온들
따뜻한 그런 것들 있잖아
네 맑은 눈동자에 담으면
내 먼 기억 속에 묻힌
숱한 눈빛들을 발견하곤 한다
그 안에 바래진 사랑이
네 눈 속에서 이따금씩
샘물처럼 피어오른다
얼룩진 마음 못내 부끄러워진다
그러니 기억해 줘
기억할 수 없을지라도
모든 것이 사랑이었음을

## 나의 태도

거울을 보는데 문득 내 모습이 마치
당신의 모습처럼 보일 때가 여럿 있었다
당신은 흙과 볕과 물을 먹고 자란
소박한 채소들을 좋아했다
우린 구부정하게 앉아 있고
할 말을 찾지 않아도 괜찮았다
때론 머리카락들이 사방에 널려 있어
마음이 좁아졌고 불편했다
도마에 놓인 차가운 채소들을 썰며
말없이 뒤돌아서 있었다
칼들은 언 마음 위에서 속없는
장렬한 춤사위를 펼쳤다 버틸 재간은 없다
굳게 다짐한 일은 더 쉽게 무너진다
마음 한 번 돌리니 극락이라는데
천국과 지옥을 행과 불행을 오가는
마음의 지표가 당신의 태도에 달렸다고
압력을 가한다 더 거세게 몰아치는 파도가
지금 내 마음에 있어 침식 당한다

마음 닿은 모든 곳에 내가 있었다

순간이 영원 같은 시간 속에서
영원히 순간을 후회할 것 같은 미련함
우린 어디로 가고 있을까
우린 어디쯤에 있는 것일까
내 마음 나도 모르면서 강요한다
이해 위로 용서 따위를 당신으로부터
삶의 인내를 향한 여정이
곧 삶이 되기를 강구한다

## 성장통

   너는 눈도 채 뜨지 못하고 엉엉 울었다 두 뺨을 타고 흐르는 눈물방울이 큰 소리를 냈다 얼마나 지났을까 이유를 알 수 없는 울음이라는 사실을 깨달았다 집 앞에 자란 나무는 가지가 부러져 있었다 어제는 구름에 손이 닿을 것처럼 올라가고 있는 게 분명했다 착각이었을까 너를 업고 등 뒤로 느껴지는 뜨거운 열감이 우리의 체온 때문이었는지 너의 눈물 때문이었는지 애매하고도 모호해졌다 소호라는 지역은 여행지마다 지도에 있었다 이름이 낯설지 않았는데 여행은 언제나 낯설었다 나는 경험하지 않은 시간을 구태여 경험이라고 믿고 싶었다 나는 바득바득 울고 싶었다 너의 닭똥 같은 눈물이 내 심정을 대변했다 변호인은 너의 경험을 성장이라고 옹호하고 있었다 이제 우리는 그곳에 없었다

마음 닿은 모든 곳에 내가 있었다

# 바람

문 너머로 들어오는 바람이
예사롭지 않았다 날카롭고 예리했다
잠깐 스치듯 지나갈 줄 알았지만
바람은 아주 오래 머무르고 있었다
차갑다는 느낌보다 공허하다는 생각이
시간이 지날수록 더 강하게 차올랐다
아무것도 없는 공간이 공허에 밀려나자
몸은 가라앉고 허리가 굳어 갔다
바닥은 차가웠고 손과 발이 시렸다
고장 난 시계가 마치 내 정신 상태 같았다
어떤 오류에 의해 삶은 증명될 수 없었고
알아갈 방법도 없었다 모든 것이 잠시
스쳐 가는 차가운 바람 때문이었다
문은 손잡이가 없었으니 벽이 되었고
갇힌 공간의 공허는 고장 난 시계에 불과했다
증명할 수 없는 삶의 오류가 불현듯 생각났다

# 엄마의 눈물

엄마 울지 마세요
아무리 돌아서서 울어도
슬픔은 고스란히 보이는걸요
엄마가 울고 싶은 날에는
비가 온다고 생각할게요
맑은 날 바람이 부는 날
눈도 내리는 어느 날 중에
오늘은 비가 내려서
엄마 눈에도 비가 온다고
그래서 엄마가 운다고 생각할게요
엄마 그러니 울어도 돼요
너무너무 울고 싶은 그런 날은
펑펑 울고 눈물에 슬픔이 담겨
바다로 가는 거라고 내가 알려 줄게요
그럼, 엄마의 눈물은 넓은 바다의
작은 일부가 되는 거예요
그래서 엄마는 꼭 바다 같은
사람이 될 수밖에 없는 거예요

그건 정말 멋진 일이에요

## 어찌 그리 매정하십니까

아직 꽃은 피지 않았습니다
그러나 이미 싹을 틔운 잎들을 보십시오
저마다의 방식으로 저마다의 속도로
나무의 살갗을 뚫고 피워 낸 저 작고
무성한 잎들을 보십시오
당신이 꽃이 피어야만 봄이 오는 것이라
누누이 말씀하셨지요
봄은 이미 바람에 실려 왔다가 머물다가
이내 다른 곳으로 움직이고 있습니다
이미 그들은 눈 녹듯 녹아내린 이슬에
꽃을 움트고 일구었습니다
곱게 피워 낸 꽃 위의 나뭇가지들을 보십시오
아무 말 없이 자신을 내어 주고 버티고 견디는
나무들의 옹이를 보십시오
결과를 위한 일련의 과정은 희생과 인내의 연속입니다
그러니 매정히 지나친 저 작고 어린 모든 것에게
와 주어 고맙다고 눈인사를 보내 주십시오
겨우내 잠들지 않고 이른 봄을 먼저 알려 주어

마음 닿은 모든 곳에 내가 있었다

고맙다고 수고했다고 일러 주십시오
매정했던 모든 것에 미안합니다
아직 늦지 않았으니 여전히 봄이겠지요
당신과 나의 거듭 맞이하는 새로운 봄입니다

## 어떤 기억으로부터

이따금 떠오르는 침식된 기억들
깎이면 깎인 줄로 닳고 닳은 줄로
사라졌다고 생각한 기억들이
아주 이따금 떠오르면 그때 나는
더욱이 기억을 붙잡아 실마리를 쫓아
왜곡된 시간 여행을 떠나는 방랑자가 되고
여행의 끝은 시간의 마지막이 아닌
기억을 침묵시켰을 때에야 비로소 끝이 나는
오직 한 사람만이 영위하는 묵언의 행위가 된다
아니다 어쩌면 그래야만 마침내 마침표를
찍을 수 있다고 확신을 해야 할지도 모른다
나는 여전히 방황하는 여행길에서
나는 여전히 어른이질 못하는 어른 속에서
곱씹는다 되뇐다 생각한다 왜곡한다
그대로를 그대로 봐야 하는 진실된 시각을
애써 부정하고 그릇된 것들로 점철되었다고
끝내 합리화를 시키고 그 정점에는
불같은 불합리화들만이 사고에 방점을 찍는다

나는 모르겠다 애매하고도 모호한 어휘로
생각한 것들을 생각하지 않을 수 있기에
처음부터 없었던 것들이 되어 이곳을
영원히 떠날 수 있을지도 모르겠다
아주 이따금 생각한 기억들을
나는 곱씹는다 되뇐다 생각한다
그리고 왜곡되어 이 행위는 종료된다

## 울고 싶어지는 날에

알아주세요 제 마음을
아닙니다 그냥 모르는 척
있어 주세요 제 자신을
아니에요 알아주세요
저를 꼭 안아 주세요 아니요
그저 스쳐 지나 주세요
울고 싶지만 울지 않은 척
웃어 보일 수 있을까요
알아주세요 제 마음을
오늘은 아무 말 없이
울고 싶습니다

마음 닿은 모든 곳에 내가 있었다

# 문득

손 틈 사이로 흘러가는 것이
여백이 아니라
외로움이라는 걸
문득 알아채곤 한다

오늘도 보이지 않는
여백 너머로
쓸쓸한 바람이
스쳐 지나간다

## 밤은 길고 불친절한 마음에 마음이 쓰여
## 이불이라도 덮어 본다

밤이 깊고 공기가 차가운 새벽에
울음소리에 깬 나는 불친절한 마음으로 가득했다
아이는 어디가 불편한지 내 마음의 불친절함을
알아챘는지 더 목청을 높여 울기 시작했다
나는 소리쳤다 울음을 그치라고 그냥
모두가 모두 다 그렇고 그런 거라고 소리쳤다
공기는 더 차가워지고 마음의 불씨는 계속
타올랐다 불은 붙었지만 친절함은 불친절했다
생각하자 생각을 생각하자고 생각했지만
상실한 생각을 무의식에 맡긴 채 손가락만
무의미하게 움직였다 모든 것이 춤이 되었는데
손가락의 마디 마디가 움직이는 것도 분명
춤이 되었는데 그건 춤으로 정의할 수 없었다
바라보고 있었지만 무엇도 바라보는 것이 없었다
생각하고 있었지만 무엇도 생각하는 것이 없었다
이제 시간이 얼마 남지 않았습니다 곧 막은
내리고 상영은 종료될 것입니다 상황이 종결
되는 것이라고 할 수도 있을 것입니다 그럼에도

마음 닿은 모든 곳에 내가 있었다

새로운 막이 오르고 상영은 시작될 것입니다
상황이 새로 시작되는 것이라고 할 수도 있습니다
나와 당신이라는 똑같은 객체는 지극히 다른
존재 자체의 개체의 매개체였다
이대로 끝내고 싶지가 않았다 이 개체는 어떤
매개체를 찾고 있었고 그것은 자연스럽게 시간과
시간의 간극 사이를 쫓아 붙잡고 연결하여 완성
되어 가는 중이었다

## 하얀 종이배와 노란 물결 위

살아 있는 모든 생명체는 살갗을 에는 바람에도
온몸의 피부와 신경 깊숙이 추위를 느낀다
스치는 한기에 금세 몸을 움츠리고
따뜻한 곳을 찾아 필사의 움직임을 취한다
살아있기에 이야기할 수 있는 '이곳'
이곳은 어느새 계절의 한 겹을 지나 보내고
긴 시름과 아픔의 시간을 몇 겹 지나 보내며
다시 春 사월의 슬픈 봄을 맞이하였다
인간은 금세 감각이 바뀌듯 길고 깊었던 추위를 잊었고
자연스레 온기만을 기억하려는 감각적인 동물이 되어 갔다
그러나 다시 돌아온 오늘의 한가운데서 나는
우두커니 서 있는 자신을 발견한다
그래, 지금도 여전히 살갗을 에는 냉기 어린 겨울이구나
바람에 눈물이 마르지 못하고
바다같이 넓은 가슴이라는 말속에
바다같이 깊은 눈물뿐이라는 것
하얀 종이배와 노란 물결 위
잠들어 있는 그대들을 생각하며

어른거리는 눈물들을 애써 삼켜 본다
할 수 있는 게 아무것도 없다는 것은 부끄러운 말
지금, 여기 이곳에서 맞이하는 새로운 나날에
감사하며 살아가는 것이 시작할 수 있는 모든 것의
일부가 된다 한 번에 모든 것을 할 수 없고
오직 한 가지 기도에서 시작하여
슬픔을 애도하고 그 찰나를 기억하며
마음을 나눌 수 있게 되는 것
그래서 나는 오늘 노란 리본을 잘 여며 매고
보이지 않는 바닷속 자유로이 헤엄치는
고래가 되었을 고인을 생각하며 눈을 감는다

## 외발 디딤

두 발 디디고 서면
조그마한 바람에도 끄떡이 없다
땅으로, 땅으로 깊이 뿌리 내린 나무처럼
있는 힘껏 일으켜 세우는 두 발 디딤
그러나 인생은 언제나 두 발 딛고 서서
흔들리지 않고 살아갈 수는 없는 법
한 발로 버티어 보고 작은 바람에도 쉬이
흔들려 볼 때 그때가 비로소 굳세게
땅으로, 땅으로 깊숙이 뿌리를 내리는
단단한 나무가 되어 가는 법
오늘도 한 걸음 두 걸음 딛고 선 이 땅에서
나는 나무가 되어 가길 소망한다

온몸으로 흔들리면서도 완연한 삶

# 말

말을 길렀다
말을 기른 지 햇수로 10년 되었을 때 나는
말을 데리고 오월에 열리는 장으로 나섰다
상인은 말했다 당신의 말은 아직 여물지 않으니
더 크고 영글어진 때 다시 오라며 돌려보냈다
나는 말이 좋아하는 당근으로 말을 키우기 시작했다
이듬해 10년째 되었을 때 나는 다시
말을 끌고 시월에 열린 장으로 나갔다
상인은 말했다 여전히 당신의 말은 성숙하지 않으니
더 크고 장성해진 때 다시 오라며 눈을 흘겼다
나는 말이 싫어하는 채찍으로 말을 다스리기 시작했다
그리고 10년이 되기 넉 달 전 나는 또다시
말을 타고 장으로 내달렸다 그때 상인은
내 말은 더 이상 말 같지 않다며 혀를 찼다
나는 말(馬)과 말(言)이 별반 다르지 않음을 깨달았다
그리고 이내 텅 빈 말들만이 오갈 뿐이었다

## 아낌없이 주는 나무

어릴 적 읽은
쉘 실버스타인의 아낌없이 주는 나무

내가 당신께 받은 사랑이
아낌없이 주는 나무를 꼭 닮았다

나도 그대에게
아낌없이 주는 나무처럼
그런 사람이 되고 싶다

## 신의 눈 God's eye

둥그런 형태가 우선 마음에 든다
그 아래로 둥실둥실 매달려
나부끼는 깃털 또한 꼭 마음에 든다
커다랗게 둥근 틀 안으로
오묘하게 짜인 그물에 내 마음은
단단히 걸려들었다
악몽을 낚고 좋은 꿈을 잡는 드림 캐처
인디언들의 신성함에 감탄
나는 깊이 매료되었다

# 유월애(愛)


열두 개의 달(月)과
삼백육십오 개의 일(日)로 이루어진
일 년은 어느 날이 가장 아름다운지
손꼽을 수 없을 만큼 다채롭고
매 순간 신비로 가득한 지구의 날

그중에서도 내가 가장 사랑하는 유월은
만물이 소생하는 춘삼월의 봄을
지나 보내고 생명의 역동과
초록 잎 무성함을 여과 없이
드러내는 초여름의 날

버선발로 뛰어나가
거리마다 가득 찬 짙은 녹음과
햇볕의 장렬한 춤사위를
실로 마주하니 절로 뜨거워지는
유월의 여름날을 그대는
사랑하지 않을 수 없을 것이네

유독 강렬히 타올랐던 그 자리엔
빨갛게 익은 가을 나뭇잎 떨어져
작별 인사도 없이 떠난 여름의
긴 그림자만 그리움이 되어 가네
내 마음 익어 가는지도 모르고

안녕, 여름

# 등을 대고 눕다

일 미터 육십오면 등을 대고
두 팔 두 다리 쭉 펴고
누울 수 있는 충분한 공간이 된다

여기서 눈까지 감으니 나는
어디에 있는지 이것이 꿈인지
생시인지 가물가물해지는 저녁

해 지는 노을이 보고 싶었을까
기억은 희미해져 멀어지는 밤
아니면 지는 낙엽의 마지막이
으레 떠올랐을까

앞이 아득해진 나는
눈을 질끈 감아 버렸다
눈물이 흘렀다
눈물에 집중하려고 애를 썼다

한참을 울고 가슴에 손을 올리자
등을 기대 누운 바닥으로
내 심장은 한없이 가라앉고 있었다

그날 밤
손의 무게 때문이었을까
눈물의 무게 때문이었을까

그날처럼 가슴이 무거워
도무지 등을 대고 눕기
힘든 적이 다시 없었다

# 바람이 많이 부는 날

오늘은 지켜보는
사람들에 대한
스치는 생각입니다

지켜보는 일은 조금
힘든 일 같습니다
누군가를 가두고
지켜봄이 아니라
오로지 기다리는 마음을
눈물이 살짝 깃든 마음을
이야기하는 것입니다

아무 말 하지 말아야 할 때는
터질 것 같은 목소리들이
아프도록 새어 나옵니다
꼭 말을 해야 할 때는
입술을 굳게 다물고선
묵묵히 지켜봄을 이어 갑니다

마음 닿은 모든 곳에 내가 있었다

그래서 나보다 당신은 더
조금 더 우울할지 모르겠습니다
나는 자유로이 당신을
바라봅니다 그런 당신은
나를 조금 공허한 눈으로
바라봅니다 미안합니다
미안해요 내가
줄 수 있는 것이
용기 있는 행동이 아니라
속으로, 속으로 울부짖는
고뇌뿐이라

# 컨베이어 벨트

컨베이어 벨트 위
일렬종대를 이룬 유리잔들이
틈의 오차도 없이 지나가는 중
제1구역 컨베이어 시스템은
제2구역 컨베이어 시스템으로
유리잔을 실어 나르고
일말의 오류도 없이 지나가는 중
멈추게 할 수는 없고 점점
가속이 붙은 공장은 유리잔을 찍어 낸다

결국 산산조각이 나 흩어질 거야
전부 산산조각이 나 깨져 버릴 거야
일렬의 종과 대가 이탈하여
일과 열마저 벗어난 자리에 빈 유리잔들은
투명거렸다 반대로 마음은 투덜거렸다
작동 중인 컨베이어 벨트 위를 걸어
유리잔들을 하나씩 밀어내고
깨진 유리잔이 컨베이어 벨트 위를 지나가는 중

주의, 작동 중인 시스템으로부터 벗어나길
다칠 수 있음

## 눈동자

너를 보니
내 마음속
깊은 곳이
선해진다
맑아진다
반짝반짝
빛이 난다

마음 닿은 모든 곳에 내가 있었다

# 툭

스쳤을 뿐인데
와르르 무너지는 것

괜찮은 하루
평안한 마음
따뜻한 위로

툭 하고
쏟아 낸 마음 위로
피어난다

툭 토톡 톡
잡초 같은 마음들이
무성히 피어난다

마침내 풀들 위로
까르르 쏟아지는
웃음꽃 향기롭다

# 꿈이었다

한참을 자고 일어난 줄 알았는데 아직 시계는 새벽 세 시 십 분을 가리키고 있었다 고요했고 적막이 흘렀다 비가 내리는 소리가 어설피 들리는 것 같기도 했다 집 앞에는 고양이들이 살았다 아침에는 없었고 낮에는 조용히 나와 햇볕을 쬐었고 저녁에는 알 수 없이 울었다 꿈에 그 고양이들이 나왔다 나는 분명 집에 있었는데 집으로 들어갈 수 없었다 고양이들은 잔뜩 화가 났고 계단을 막아서고 있었다 나를 향해 날카로운 발톱을 보였다 무서웠다 삭히고 있던 분노를 알아챈 것인가 나는 공격받았다 상처가 났고 피를 흘렸다 다행이다 꿈이었다 시계는 아직 새벽을 가리켰다 그런데 나는 울고 있었다 꿈속의 상처는 실제였고 그것은 왠지 생경하게 느껴졌다 삶과 꿈이 뒤엉켜 혼란이 난무했다 무엇이 있다 없다 그곳에 내가 있다 없다 반복하는 것에 무력해졌고 무너졌다 무엇이 있었을까 돌이켜 보니 그 자리에는 꿈이 있었다 일어나 깨 버린 꿈이 아니라 품었던 꿈이 있었다 평범하게 바래진 지금 여기에도 풋풋하지만 투명한 꿈들이 있었다 갑자기 턱 하고 숨이 막힌다 꿈을 생각하니 이미 깨 버린 꿈처럼 깨어진 꿈에 지긋지긋하게 또 눈물이 맺힌다 일상은 평범한 반복이다 허전한 자리엔 꿈이 있었는데 있었다가 있었다고 생각하니

지나간 과거가 되어 버렸다 아침은 아직 오지 않았는데 시계는
아직도 새벽을 가리키는데 시간은 너무 빨리 가 버렸다 꿈이 나
를 포식한다

## 괜찮다, 모든 것

오늘 일어난 일을 달력에 적으며
다시 일으킨 기억을 떠올렸다 꼭
꿈이었으면 하는 연약한 마음 위로
모든 것이 네 탓이다
모든 것이 네 잘못이다
그리고 모두 침묵했다
잘못이 시시비비 객관화되는 동안
무너지는 조각들을 주어 모으며
모든 것이 괜찮다
모든 것이 괜찮단다
그렇게 내게 말을 걸었다
마음이 시시비비 주관화되는 동안
눈길을 가로 지으며 내달렸다
떨어진 눈들이 녹아내렸다 한참
녹아내린 눈물들이 가득 고였다 꼭
울음을 참지 못하는 어린아이처럼
차마 감정을 숨길 수 없었다
기억에 심어진 기억들이 괴물이 되어

나를 괴롭힌다

오늘 일어난 일을 달력에 적으며

남긴다 지나간다 괜찮다

# 어른이 어른처럼 생각하는 어른스러운 방법

어른들은 항상 말씀하셨다
네 나이가 몇 살이냐
어른답게 살고
어른답게 생각하고
어른답게 행동해라
너는 더 이상 어리지 않다

어리숙한 생각을 붙잡아 곰곰
생각했다 어른답게
어른다운 어른처럼
도무지 어른답게 라는 말의
뜻을 어감을 느낌을
알 턱이 없다

아무리 나이를 먹어도
아무리 인생의 연륜이 쌓여도
어른답지 못한 어른들이
그득하다 수두룩하다

마음 닿은 모든 곳에 내가 있었다

그냥 나는 나이는 괘념치 말고
오직 사람답게 오롯이
사람다운 사람이 되고 싶다
인생이여 오직 나답게
온전한 내가 되길

# 몸

유독 피로한 하루
정신이 까맣게 멀어진다
깨어 보니 우주
무중력 상태에서
나의 몸은 추락 중이다
불가능한 거 아니야
너의 전화벨 소리에
깨어 보니 거실
한가운데 서 있는
나의 몸은 무중력 상태
정신이 필요한 몸은
피로한 하루에 패하다

마음 닿은 모든 곳에 내가 있었다

# 마음가짐

아기들 지금 시기
다 그러려니
남자들 당신도
다 그러려니
여자들 나도
다 그러려니
언제나 변함없는 것
어느새 바래 버린 것
생긴 대로 있는 대로 인생
그러려니 그러니
태평한 마음 여기 있구나

# 피(血)

무너지는 피들은 생이 시작되면서부터
어디로 가야 하는지 그 길목을 알고 있다
보지 않고도 주저 없이 한 곳으로 흐르는
피의 질주는 마치 강한 생명력을 닮아
젊음의 상징처럼 여기며 당연하게 살아왔다
들끓던 그 삶은 어찌 돌아올 수 있을까
나는 나에게 반문했다 이제는 올 수 없다고
솟구치는 피들은 메말랐고 이내 멈출 거라고
그때 나는 막 잠에서 깨어 거울로 달려갔다
깨진 꿈들이 거울 속에서 알알이 흩어져
형체를 알아볼 수 없었다 이제는 볼 수 없으리
흘러간 피가 고여 굳어 버렸다 나는
가만히 상처를 들여다보며 말했다
이젠 괜찮아 안녕

# 시나브로

저마다의 크고 작은 고통 가운데
저마다의 방식으로 살아 내고 있는
이윽고 참으며 견디며 버티어 온 삶
그것은 말할 수 없는 굴곡이 있는 삶이다
칠흑 같은 어둠 속 반짝이는 한 줄기 빛
시나브로[2] 내 가슴은 이내 빛으로 채워진다
얼마나 다행인가
얼마나 행운인가
빛으로 들어찬 내 가슴
벗(友)으로 물드는 고마운 마음

---

2 시나브로, '모르는 사이에 조금씩 조금씩'이라는 순우리말.

## 쿵쿵쿵

가만히 손을 올려 본다
쿵쿵쿵
다시 조용히 손을 올려 본다
쿵쿵쿵
이리 작은 몸집에도
심장은 세차게 가슴을 울린다
그 소리에 내 마음도 울린다
살아 있는 네 생명의 신비로움
참 고마운 울림이다

마음 닿은 모든 곳에 내가 있었다

## 너를 보며

지나간 시간 속에서
나는 지난한 마음들을 본다
작은 것에도 방긋 웃고
사소한 것들에 눈물 흘리는
민감한 마음들이 너에게 있고
나에게는 오래 빛바래져 사라져 갔다
작은 것들에 시무룩 입을 다물고
사소한 것에 까무룩 어두워지는
좁다란 마음들이 수군거린다
너를 보며 순수라는 단어가
나에게는 낯선 어감으로 다가오고
이내 그리워지는 시간 속에서
숱한 모습들이 너를 통해 스치어 간다
그리움이라 쓰면서도 고마움으로
허전한 빈 마음들을 채우며
나는 그렇게 뒤돌아갈 수 없는 시간을
바라본다 그리고 다시 걸어 나간다

# 우연

지나간 일에 대하여 지나감에 대하여 생각했다 우연이라는 가장으로 선택된 것들과 그것들에 의해 삶은 표류하거나 방황하거나 흘러갔다 지난 것들을 지나친 것인지 지나친 것들을 지나온 것인지 지나간 것이 맞는 것인지 의심스러워 기억을 애써 꺼내었다 작고 바래진 조각들이 조각조각 흩어져 있었다 분명 잊고 있었음에도 잊히지 않은 추억인지 기억인지 사실이었는지 희미해지는 일들에 무엇도 이름을 붙일 수가 없어진다 왜 그렇게 되어야만 했는가 그럴 수밖에 없는 일들이 어떤 공식으로도 정답을 내릴 수 없는 오답과 오류로 채워진다 어떤 그림을 그리고 있는지 정처 없는 점과 선과 면들이 캔버스를 채우고 있다 그렇게 버리는 일을 아까워하지 않았으면서 어떤 죄책감도 없이 쉽게 버리고 내던져 버렸음에도 채우고 있다는 사실은 나를 무색하게 만든다 염치없는 일들에 눈치를 살펴야 하고 살펴야 하는 마음들은 사라지고 있다 사라지고 있는 것들은 잊고 있으면서도 어떻게 있어야만 하는지를 어디에 있었어야 했는지를 필요 없는 생각으로 필요를 생각했다 생각하면서도 생각하지 않은 것들과 않은 것들의 부정이 무엇인지를 부정하며 뜻을 굽히지 않았다 굽히지 않자 부러진 것들에 의해 무너지고 침식한 자아가 매일

마음 닿은 모든 곳에 내가 있었다

같이 삶의 안팎으로 아우성을 쳤다 아우성은 차라리 곱상한 외침이었다 나의 외침은 칼을 꽂는 울부짖음과 닮아 있었다 닮아 버린 오늘 하루 저녁 끝나 절에 왜인지 우연히 나를 찾아온 그림자 드리운다

## 불편함에 관한

나만 그런 것이 아니라고
내가 이상한 것이 아니라고
내 생각이 틀린 게 아니라고
꼭 옳은 결정과 옳은 판단만이 중요한 것은 아니라고
불편한 것들을 참을 필요 없다고
눈치에 의해 묵인할 필요 없다고
시간에 쌓인 것들이 꼭 정답은 아니라고
내가 생각하고 내가 결정하고 내가 선택한 것들도
중요하고 의미가 있고 소중한 것이라고
내가 가야 할 길은 내가 정할 수 있고
내가 가는 이 길이 맞다고 생각한다면
그것을 믿고 나아가도 된다고 그럴 수 있다고
흔쾌히 응해 주면 격려해 주면
함께 기뻐해 주면 좋겠어
그러니 오늘 당신의 생각은 잠깐 넣어 둬
아니, 그래도
그럼에도 덧붙여지는 말을 멈춰 둬
지금 나는 불편합니다

무던히 덤덤히 보내는
메마른 시간이 안타깝습니다

## 묻는다

나에게 그리고 다시 물어본다
왜 사는 거냐고 인생이 어디로
흘러가고 있는 거냐고 왜
나는 지금 이 시간 속에서
함께 있되 홀로 나아갈 수 없는지
쳇바퀴처럼 제자리를 맴도는
물음을 물어보며 우울한 상념을
자세히 들여다본다 그래,
너는 언제나 그곳에 있었다
햇살 비추면 반짝이듯 흐트러졌다가
잔잔한 파도에 휩쓸리듯 흘러갔다가
이내 숨겨 둔 발톱을 꺼내듯 나를
할퀴었다가 잠식시키는 너란 존재가
나를 상반된 얼굴로 존재케 만들며
너는 항상 그곳에 있었다
묻는다 나에게 그리고 다시 물어본다
왜 나를 떠나지 않는지 내가 너를
떠나지 못하는 것인지 부여잡은 손끝에

네가 사이사이 빠져나가 사라지길

오늘도 나는 없는 물음을 묻는다

## 내가 나에게

머리로 이해한 것들을
마음으로 실천할 수 있기를
머리로 생각한 것들을
마음으로 느낄 수 있기를
머리와 마음이 하나가 되기를
때로는 침묵하고
때로는 물러서며
때로는 흘려보내며
때로는 인내하고
때로는 뒤돌아보며
매일 안팎을 살필 때
그것이 자유 비로소 평안

마음 닿은 모든 곳에 내가 있었다

## 좋다 사랑한다 다행이다

네가 너라서 좋고
나는 나라서 좋다

네가 너이기에 사랑하고
나는 나이기에 사랑한다

네가 너로서 지금 여기에
나는 나로서 지금 여기에

그런 우리가 있기에
너는 오롯이 이 세계에 왔다

네가 너라서 그냥 좋다
그런 나라서 다행이다

2부

# 에세이

## 오롯이 존재하도록 만드는 글 속에 내가 있었다

"수필은 청춘의 글은 아니요, 서른여섯 살 중년 고개를 넘어선 사람의 글이며, 정열이나 심오한 지성을 내포한 문학이 아니요, 그저 수필가가 쓴 단순한 글이다. 수필은 흥미는 주지마는 읽는 사람을 흥분시키지는 아니한다. 수필은 마음의 산책이다. 그 속에는 인생의 향취와 여운이 숨어 있는 것이다."

– 《인연》(피천득, 샘터사, 1996) 중에서

# 일상에서의 수필 쓰기

1. 故 피천득 작가의 《인연》은 글을 쓰고자 하는 동기와 열정을 참 많이 이끌어 준 책이다. 글은 읽기 쉬워야 하고, 감동이 있어야 한다. 흐름이 물과 같이 자연스럽고, 감동은 몽글몽글 피어오르는 새싹처럼 새롭고, 소박해야 한다. 책을 읽은 뒤 나는 '청초'라는 단어가 주는 느낌을 머릿속에서 거듭 되새기며 생각하고 있었다. 청초함은 사실 나와는 매우 거리가 먼 감성이다. 청초함. 그것은 내 생애 마주하기 어려운 무엇이라는 느낌이 든다. 청초함은 소생의 첫머리에서 맑은 그 자체가 되어 안정감을 느끼게 해 준다. 이런저런 생각의 끝자락에서 나는 청초함을 닮고 싶어진다. 청초해지고 싶은 바람이 어느새 나의 가슴에 꽃씨를 내린 것 같다.

2. 적막이 흐르는 따뜻한 방안, 영화 '죽은 시인의 사회'가 틀어져 있다. 마지막 장면에서 나는 꼭 눈물을 흘렸다. 눈물이 난다. 이루 말할 수 없는 진심 가득한 존경심에 나의 가슴은 울컥 솟구치고야 만다. 삶엔 이렇게 다양한 감동을 어디서든 만날 수 있는, 마주할 수 있는 인연의 고리들이 숱하게 많다. 아름다움, 슬픔, 눈물, 웃음 찬란한 모든 것들로 가득 찬 오늘 하루. 지난한 삶도

마음 닿은 모든 곳에 내가 있었다

그렇게 지나고 지나간다.

3. 기억을 곱씹어 지난 일을 회상하게 된다. 무엇 속에 내가 있었는지 그것은 진실이었는지 기억을 진실이라 믿을 수 있는 것인지 궁금했다. 내 마음이 향한, 내 마음의 강한 이끌림은 무엇이었는지 생각해 본다. 시절 지난 일이지만 그것들이 모여 나를 이루고 사색의 힘을 이끌어 준다. 조각나 있던 모호한 기억과 삶의 철학들이 거듭나고 있음이 느껴진다. 오늘은 오늘로만 새로 거듭날 수 있는 시간이 주어지기 때문이다.

2012. 7. 27.

## 삶을 여행하는 방법
## - 지극히도 일상적인 여름날에

말복(末伏)이다. 초복, 중복, 말복을 통틀어 삼복(三伏)이라 부르며, 7월과 8월은 이 '삼복더위'가 기승을 부리는 때이기도 하다. 특히 근래 몇 주 동안은 낮과 밤을 가릴 것 없이 24시간을 무더위에 맞서야 했다.

그렇게 기다렸던 싱그러운 여름이었으나, 더위에 자꾸만 몸과 마음이 지치는 것은 어쩔 수가 없었다. 그리고 그 더위로 인간과 자연에 위태로운 일들이 발생하고 있다면, 삼복더위는 그리 달갑지 않은 것만은 확실하다는 생각이 든다.

자연의 섭리 앞에서 한없이 무력해질 때, 나는 인간이 이 지구와 환경을 아끼고 생태를 파괴하지 않고 조화롭게 살아가는 것이 얼마나 중요한가를 문득 깨닫곤 한다.

사실 이러면서도 지금 나는 전기를 낭비하며 플라스틱 컵에 담긴 커피를 마시고 있고, 하루에도 몇 번씩이나 비닐봉지가 나오는 음식물을 섭취하며 모순된 삶을 살아가고 있다. 그리고 지금처럼 모순을 발견할 때가 비로소 변화를 위한 어떤 직접적인 실천을 실행해야 할 때임을 의미하기도 한다.

여하튼 오늘은 말복이다. 기승부리는 더위를 생각했고, 나아가 자연에 대해 스치듯 짧은 생각을 떠올려 봤다. 그 생각은 나의 생활 속 태도를 성찰하게 했으며, 앞으로 내가 할 수 있는, 실천할 수 있는 행동에 무엇이 있는지를 고민하도록 만드는 이유를 안겨 주었다.

글은 생각을 다듬고 나아갈 수 있는 힘을 준다. 머릿속을 마구 가로지르는 생각들은 이렇게 언어를 통해 사유화되며, 건설적인 토대를 이뤄 간다. 그리고 오늘 남기고 싶었던 '작은 일상이 삶을 여행으로 만드는 순간'을 생각하며 바로 지금, 이 순간 사유하는 시간을 내 삶의 건강한 여행이 되는 시간으로 기억하고 싶다.

그리고 이렇게 쓰고 싶다. 어떤 특별한 곳을 가야만, 더 넓은 곳을 가야만, 더 먼 곳을 가야만 그것이 여행이 되는 것은 아니라고. 자고로 여행은 매일 똑같이 바라보던 삶을 뒤에서, 옆에서, 아래서, 위에서 그렇게 다각적인 시선으로 바라봤을 때 비로소 그동안 보지 못했던 면면들이 새로이 보이며 달리 보이는 매 순간들이 바로 삶의 여행이 되는 것, 그 찰나들이 모여 한 사람의 인생이라는 긴 여행을 일구어 낸다고 믿어 의심치 않는다.

그래서 우리는 다 여행자들이다. 그 여행길에서 자신이 옳다고 생각하는 그 방식대로 자신의 삶을 일구어 나가는 수많은 사람들 속에서 오늘의 나를 돌아보며, 오늘날 자연을 되돌아보며, 조화롭게 살아가기 위해 무엇을 해야 하는지 깊은 울림과 고뇌가 깃든 밤이다.

2016. 8. 16.

## 화두 talking point
## - 삶을 바라보고 깨어 있기

　지금 내 삶에 있어서 가장 중요한 화두는 무엇일까. 매일 반복되는 일 가운데 나를 일으켜 세우며 희망을 놓지 않게 해 주는 그것은 무엇일까. 같은 일을 하면서도 매일 똑같지 않은 날들. 사람을 상대하는 직업이기에 한 사람 한 사람을 만날 때마다 나 자신이 얼마나 좁은 가슴을 안고 살아가는지 새삼 깨닫곤 한다.

　다양한 사람, 시작과 끝을 알 수 없는 여러 상황 속에서 나 자신은 평안 혹은 초심이라는 진심 어린 마음을 잃고야 만다. 그럴 때 나는 흔들리며 우울함에 빠지기도 한다. 그 우울감은 때로 아무 이유 없이, 소리 없이 나의 벽을 넘어 마음 가득 들어차곤 한다.

　나는 애써 평안을 찾고자 시를 쓰려고 시어를 찾고, 스트레칭을 하거나 사진을 들여다본다. 그리고 사랑하는 사람을 떠올려 본다. 내가 사랑받고 있음을, 사랑하고 있음을, 사랑을 나누며 살고 있음을 온몸과 마음으로 느끼고자 노력한다. 그러면 우울했던 마음은 어딘지 더 깊이 침전되어 사라지고 또 다른 나와 마주하여 맑고 살뜰한 마음들로 채워진다.

　이렇게 살아감에 있어 반복을 거듭하는데, 때로 이 마음이 얼마나 우둔하며 어리석은지 그걸 알면서도 마음을 붙잡아 놓지 못하는 것처럼 나는 제 감옥을 스스로 만들고는 한다.

살뜰히 시작할 수 있는 하루하루가 주어짐에도 스스로 포기하는 어리석은 마음. 어제도 그러했고, 바로 그저께도 그러했던 나의 모습. 오늘은 좀 더 달라질 수 있을까? 하루하루 좀 더 달라질 수 있을까? 정말 그렇게 될 수 있을지 어두운 의심을 집어삼키며 나에게 말해 본다.

하지만 나도 모르는 사이에 차츰 변해 갈 것이란 믿음으로 오늘을 살아가고 싶은 내 마음속의 다짐. 이 마음의 소리가 모여 결국은 새로운 내가 될 수 있을 것이라는 용기가 나를 긍정의 기운으로 가득 차게 만들어 준다.

나는 내 자신을 이겨 내고 싶다. 편하게만 살아온 그동안의 업을 떨쳐 내기 위해서라도 지금, 이 마음가짐을 잃지 않고 싶다. 오늘도 나에게 주어진 일상에서 삶의 수행을 멈추지 않기 위해 매 순간 깨어 있고 싶다. 다른 누군가에 의한 삶이 아닌 내 삶을 위해, 새로운 한 걸음을 위해 깨어 있고 싶다. 이것이 지금 내 삶의 화두이다.

2017. 9. 10.

# 내 마음
## - 달팽이 같은 나, 달팽이보다 못한 나

동이 트지 않은 어둠 사이로 타야 할 버스가 천천히 다가온다. 이른 시각이지만 부지런히 아침을 연 이들이 무심한 얼굴로 서로 다른 자리에 앉아 차창 밖을 바라본다. 나도 무심히 자리에 앉아 창문 너머의 어둠을 응시한다.

어느 하루는 갑자기 날이 따뜻해져 바람이 포근했고, 또 하루는 날이 차고 바람이 날카로웠다. 어느 날엔 비가 내렸고 어느 날엔 하늘이 무척 흐렸다. '이제 겨울이 오겠지' 하던 순간은 지나고 어느새 싹을 움트는 초록초록한 풀들을 발견하는 봄날이 왔다.

긴 겨울을 보내고 봄을 맞이하는 나의 자세는 무심한 듯 정성스럽고 새롭다. '봄이 오면'이라는 설렘 가득한 이 한마디가 왠지 모르게 기운을 북돋아 주고 따뜻함을 물씬 안겨 준다. 나는 계절이 순환하는 동안, 그 내내, 매일을 지쳐 보냈고 다시 회복하거나 마음을 치유하기 위하여 휴식이 필요했다.

그렇게 선택한 것은 나를 수동적인 상태로 몰아넣는 것과, 현

실과 이상의 괴리감을 자기합리화시키는 껍데기뿐인 내가 되는 일이었다. 가끔 숨고 싶을 때면 숨고 딱딱한 겉모습으로 위장할 수 있는 나는, 껍데기를 지고 꾸물꾸물 기어가는 달팽이 같다는 생각이 든다.

지난날, 길 한가운데를 천천히 기어가는 달팽이 한 마리를 만났다. 언제 어디서 생을 마칠지 모를 위험천만한 그 길 위에서 달팽이가 가고자 하는 곳은 어디였을까. 나는 멈춰 서서 잠시 바라봤다. 자기 집만을 오롯이 짊어지고 천천히 나아가는 달팽이. '조금 느려도 괜찮아'라는 말은 괜히 쉽게 하는 말이 아닌 것 같다.

내가 하고 싶은 내 마음 이야기는 어수선하고 재미없는 이야기다. 어느 방향으로 가고 있는지 모르는 달팽이를 바라보는 내 모습을 보면서 조금은 느리고 생각만 넘실대는 이야기다. 사람에 지치고, 일에 지치고, 삶 그 자체에 지쳐 있던 나는 너무 많은 욕심을 짊어지고 있던 것은 아닐까.

내 몸, 내 생명 하나 지킬 수 있는 집을 이고 살아가는 달팽이를 보며 욕심만, 고집만, 위선만 부둥켜안고 살아가는 나는 참 미련하다는 생각이 든다. 그래서 외치고 싶다. 나의 미련한 마음의

껍데기여 가라! 봄이 오길 기다리지 않고, 그저 그 자리에서 묵묵
히 싹을 움트는 생명들처럼 나 또한 새로이 움트며 그렇게 끝까
지 삶을 살아가자고.

2018. 3. 20.

# 어디서 와서 어디로 가는가
## - 가까이서 바라본 죽음

운을 떼기 전, 갖은 생각들이 머릿속을 마구 헤집고 다닌다. 그래서 어떤 머리말을 꺼내면서 어떻게 글을 시작해야 할지 엄두가 나지 않는다. 4월 11일 토요일. 점심시간을 지나 보내고 우두커니 앉아 글을 쓰는 지금, 이 시간이 다소 실감 나지 않는다. 늘 그렇듯이 많은 일과 많은 사람들, 사건이 스쳐 지나갔다.

지난 금요일. 큰아빠께서 돌아가신 지 49일째가 되는 날이었다. 49재는 불교에서 치르는 제사 의식으로 돌아가신 사람을 위하여 7일간 7번 정성을 다해 기도하면 49일째를 맞이하는 날 그동안의 지은 업을 씻어 내고 좋은 곳으로 갈 수 있다고 치르는 의식이다.

지난 2월에도 그랬지만 큰아빠가 돌아가셨다는 사실은 나와 가족을 비롯하여 모두가 실감할 수 없는 일이었다. 그러나 큰아빠의 육체는 더 이상, 이 땅에 존재하지 않는다. 그는 한 줌 흙이 되어 이쪽 세계를 넘어 저쪽 세계로 가셨다.

하지만 그의 존재가 남긴 것은, 실로 육체를 넘어 오래도록 기

마음 닿은 모든 곳에 내가 있었다

억될 수 있는 영적인 것이 더 크다고 생각한다. 실제로 느낄 수 없고, 볼 수 없고 이야기 나눌 수는 없지만 내가 살아 있는 동안만큼은 또 가족이 살아가는 동안만큼 그의 존재는 영원히 가슴속에 남아 있으리라 생각한다.

큰아빠에 대한 내 기억은 크게 두 가지로 남아 있다. 어렸을 적 명절을 맞아 부모님과 큰집으로 내려갈 때면, 큰아빠께서는 우리 가족을 매우 반갑고 따뜻하게 맞아 주시며 웃는 그 모습이다. 그러고는 나보다 더 어린 동생들에게 즐거움을 주고자 직접 윷을 준비해서 윷놀이를 해 주셨고, 맛있는 음식을 배불리 먹을 수 있도록 넉넉히 챙겨 주시는 인자한 모습이 기억 속에 선명히 남아 있다.

큰집은 부족함이 없고(어린 내가 느끼기에) 큰아빠는 큰아버지라는 이름에 걸맞게 가족들을 든든히 챙겨 주셨다는 기억이 강했다. 마냥 어렸기 때문에 그 뒤에 존재하는 어두운 이면은 알아채기가 어려웠다. 몇 년이 지나지 않아 큰아빠는 불의의 사고로 머리를 심하게 다치셨고 생명에는 지장이 없었지만 더 이상 일을 할 수 없게 되셨다. 아직은 젊은 나이였기에 더 이상 일을 할 수 없다는 것은, 열심히 일하며 살아온 큰아빠 자신에게는 받아들일 수 없는 사고였던 것 같다.

그렇게 시간이 흘러 큰아빠께서는 술로 나날을 보냈다. 그래서인지 건강은 갈수록 나빠지셨고, 어느 날인가는 병원으로부터 6개월밖에 살 수 없다는 시한부 인생을 선고받기도 했다. 그때 가족 모두가 얼마나 눈물을 훔쳤는지.

그러나 그로부터 약 7년을 가까이 더 사셨고, 그러면서도 술은 절대 끊어 내지 못하셨다. 그렇게 살아 계시는 동안의 삶은 술로 인하여 병들고 괴로운 삶에 지나지 않았던 것 같다. 적어도 그렇게밖에 생각하지 못했다. 몸은 더 이상 버틸 수 없었지만, 매일 술을 드시면서 마지막에는 정신을 잃고 몸을 가누지 못하신 채 중환자실을 오가며 삶을 마치셨다.

돌아가시기 이틀 전은 설이었다. 설날에도 병원에 계셨던 큰아빠의 모습은 차마 눈뜨고 지켜볼 수 없을 만큼 상태가 좋지 않으셨다. 몸을 가누지 못하고 가족도 알아보지 못하셨다.

그런 큰아빠를 지켜보다 눈이 마주쳤는데 마치 평소처럼 환하게 웃음을 지어 보이셨다. 결국 그때가 큰아빠의 마지막 모습이었고, 나는 생각했다. 설 마지막 날까지 가족들을 한 번씩 만나려고 끝까지 기다리셨구나. 그렇게 생각하니 눈물이 그렁그렁 앞을 가렸다.

마음 닿은 모든 곳에 내가 있었다

큰아빠의 삶은 칠십을 다 채우지 못한 채 끝이 났다. 늠름하고 큰 어른으로만 보였던 가족 모두가 눈물을 흘릴 때는 정말이지 무척 슬펐다. 한 사람이 떠날 때 이렇게 슬프고, 이렇게나 가슴이 아프다니.

믿기지 않지만 이제 그분은 이곳에 우리와 함께 살아갈 수 없다. 자주 만나고 자주 이야기 나누지 않았지만, 늘 그때 그 찰나가 오면 언제나 그곳에 있을 것만 같은 한 사람의 존재는 이제 기억 속으로 깊이 스며 들어갔다.

큰아빠의 삶과 죽음을 보면서 나는 내 자신을 돌아보게 되었다. 나는 어디서부터 와서 어디로 가는 걸까. 우주의 원소와 같은 물질로 이루어진 우리의 몸은 엄마의 자궁에서 태어났다. 그렇다면 그것이 내 최초의 시작점이자 존재의 전부일까. 한 줌 흙이 되어 죽음에 이르렀을 때 죽음은 과연 내 삶의 마지막 종착점일까. 나는 어디서부터 와서 어디로 가는 것일까. 이 물음에 답하기 위해 나는 무엇에 온 정신을 다해야 할까.

그것은 아마도 내가 내 삶의 주인이 되어 건강하게 살아가는 것. 다른 누구도 대신할 수 없는 내 삶을 내가 온전히 살아가는 것. 나의 행복을 먼저 세우고 그 행복을 나누며 살아가는 것.

무엇보다도 삶과 죽음이 크게 다르지 않다는 것을 이해하고 싶다. 그가 떠난 뒤로 달라진 많은 삶의 형태가 있고, 변함없이 그대로인 삶의 형태가 공존했다. 삶에 있어서 가장 소중한 행복과 감사하는 마음을 잊지 않고 살아야겠다는 다짐을 다시 한번 해보게 된다. 그리고 이 글을 소중한 가족을 떠올리며 남기고 싶다.

2018. 8. 9.

마음 닿은 모든 곳에 내가 있었다

# 10년 후
## - 아낌없이 사랑하며 살아가야지

운전면허증을 뒤늦게 취득하려던 때 수업을 해 주신 한 선생님께서 이런 말씀을 하셨다.

"지금 젊은 세대들은 취업도, 삶도 살기 어려운 시대에 놓여있는 것 같다. 경쟁은 심하고, 더 열심히 해야만 될까 말까 한다. 젊은이들에겐 버킷 리스트(bucket list)[3]가 아닌, 드림 리스트(dream list)를 작성해 보고 그 목록을 이루기 위해 무엇을 해야하는지 세부 계획을 세워 하나씩 꿈을 이뤄 나가는 것이 필요하다."라는 말씀.

그 이후로 나는 '드림 리스트'에 대해 가끔 생각해 보게 되었다. 그리고 마찬가지로 꿈을 향해 걸어가는 앞으로의 10년 후를 함께 고민해 보기도 했다.

10년 후, 과연 나는 어떤 모습으로 존재할까. 마치 '꿈'처럼 그

---

3 버킷 리스트(bucket list), 죽기 전에 꼭 해야 할 일이나 하고 싶은 일들에 대한 리스트. 'Kick the Bucket' 중세 시대에 자살할 때 목에 밧줄을 감고 양동이를 차 버리는 행위에서 유래되었다.

려 보는 미래는 좋은, 긍정적인, 성공적인 밝은 모습만 생각해 보게 된다. 그리고 그 '이상'은 커다란 욕심처럼 계속 부풀어만 갔다. 그렇게 앞으로의 10년을 바라보는 동안에도 나는 여전히 젊고 건강하며 꿈을 꾸기에 파릇파릇한 청춘처럼 느껴졌다.

하지만 또 다른 어느 날이었다. 앞으로 내가 살아갈 날이 10년이나 주어질 수 있을까? 그렇게 생각하면 인생이 정말 짧게만 느껴졌다. 10년도 채 남지 않았을지 모르는, 한 치 앞도 알 수 없는 인생이란 생각이 든다. 때가 되면 스스로 떨어지는 게 자연의 섭리 아니던가.

똑같은 시간 속에서도 우리는 서로 다른 10년을 생각하며 살아가고 있다. 나보다 더 많은 시간을 살아온 나의 부모님, 가족, 친구들. 청춘과 중장년, 노년, 소생과 소멸하는 시간의 공존 속에서 우리는 순리대로 앞으로만 계속 흘러가고 있다.

그러나 같은 시간 속에서도 다른 속도로 삶의 끝을 향해 걸어가는 보이지 않는 이 차이가 왠지 모르게 슬프게 느껴진다. 앞으로의 시간 속에 '죽음'이 있다니. 죽음을 생각해 두어야 한다니. (아직은)젊은 나에게도 이 시간은, 이 인생은 통틀어 왔다가 떠나야만 하는 짧은 시간처럼 느껴진다.

이 짧은 생애에 벌써 그리워지는 사람들. 그들의 목소리, 얼굴, 함께 이야기 나누었던 그 장소, 함께 느낀 공기, 사진으로만 남은 우리의 모습들. 보고 싶다. 보고 있어도 보고 싶고, 목소리를 듣고 있어도 더 듣고 싶다. 함께 있어도 더 함께하고 싶은 요즘.

실로 마주하면 서툴고, 표현하지 못하고, 사랑으로 오롯이 포용하지 못하기도 하지만 그래도 일렁이는 감정 속에서 멈추어서는 안 된다. 사랑하는 일을, 표현하는 일을, 함께하는 일을. 아무리 잘해도 후회하고 못하면 더 후회하는 그런 슬픈 일을 만들지 않도록 살아 있는 동안 더 많이, 더 아낌없이 사랑하며 살고 싶다.

2019. 11. 11.

## 괜히 심란한 마음에 글을 쓰며

아주 오랜만이다. 나는 어느 순간부터 글과 멀어졌고, 일기를 내 안에 잠재운 지 오래되었으며 스스로 게으름과 손잡아 부지런함을 밀어냈다. 과연 부지런했던 일상이란 무엇이었던가.

나는 내 자신을 자책하는 부정적인 의식을 마음 깊은 곳에 간직한 채 계속 키워 내고 있는 것 같다. '같다.'라고 표현하는 것은, 언제나 내 자신도 나를 확신하거나 확언할 수 없는 모호한 상태가 많고, 불명확하거나 불확실한 것들로 가득하여 복잡한 상태처럼 느껴지기 때문 같다.

그런 나는 늘 고뇌하는 것이 있다. 어떻게 살아가야 할지. 몰입하며 살아가고자 목표했던 것들은 무엇이었는지. 여전히 과거를 회상했고, 그 과거 속에서 나를 찾으려 애를 썼다. 이런 생각들은 늘 지속되고 있고, 삶 속에서 풀리지 않는 문제가 되어 껴안고 고민하고 반복하는 중이라는 것.

그러나 아이러니하게도 그것을 풀어내고자 방법을 적극적으로 찾는 것도 아니다. 문제라고 생각하는 것들이 어쩌다 내 마음

속 수면 위로 드러날 때만 시름시름 앓다가는 펑 하고 터뜨릴 뿐, 똑같은 의식의 흐름 속에서 살아가고 있을 따름이다.

나는 삶에 갈증을 느끼고 있다. 성공과 인정을, 이해와 사랑을, 배려와 격려를, 그리고 용서를 필요로 하고 있으며, 어딘지 간절하게 원하고 있는 것 같다. 그것을 원한다고 나 자신을 인정하지만 그럴수록 욕심으로 채워지는 헛헛한 이 마음에는 또 괴로운 그림자가 동반된다.

구태여 빈 마음에 사념을 채우니 일을 만들어 내고, 그 일에 집착하여 신경 쓰다 보니 괴로움이라는 감정에 사로잡히게 된다. 왜 나는 나를 책망하게 만드는 일을 만들고, 그것을 다시 가슴에 주워 담으며 붙잡으려고만 할까.

언제까지 이 삶의 카르마(업보)⁴를 반복하며 괴로워하며 살아가야 할까. 왜 항상 똑같은 선택으로 똑같은 결과에 똑같은 마음가짐으로 똑같은 대응을 하는 걸까. 정말 궁금해진다. 내 마음의 선택이 왜 항상 이 같은 현상을 반복하는지 궁금해진다.

---

4 카르마(산스크리트어 karma), 업(業), 업보(業報), 응보(應報) 불교 용어 - 전생에서 행한 일 때문에 현생에서 받는 응보(應報)이며, 동시에 내생에 받아야 하는 응보의 원인. 몸과 입과 마음으로 짓는 선악의 소행이자 현생에서 행하는 모든 소행이다.

아마도 나의 뇌는 아주 강력한 습관에 지배되어 있는 것 같다. 부정적인 감정에 대한 것, 상대방과 다른 의견 충돌에 대한 것, 그것을 지배하거나 무시하거나, 예외적인 다름을 부정하며 이미 정해 둔 선택과 예상된 결과를 만들어 내고자 나 자신을 합리화하는 것 같다.

그래서 유연하게 대처하지 못한다. 부드럽게 다른 의견을 받아들이지 못한다. 머릿속엔 이미 짜인 틀이 존재하고, 그 틀 안에서 유연한 척 사고하는 나는 지극히 이기적이다. 이기적이라는 표현과 더불어 매우 이중적인 생각을 지닌 사람 같다. 내 스스로가 나를 낮추고 문제를 직시하고자 노력하지만, 이것도 이 순간에 그치고 마는 사실이 꽤 안타깝고 슬프다.

일상에서 느끼는 이 답답하고 무거운 중압감은 때때로 떠오르는 생각의 연속에서 반복되고 사라지기도 했다가 더 커진 형태로 나타나 순식간에 나를 집어삼키기도 한다.

그럼에도 나는 나에게 항상 하는 말이 있다. 열심히 살고 싶고, 노력하며 살고 싶고, 매 순간 최선을 다하며 살고 싶다고, 나는 항상 그렇게 마음 가지려 노력하고 있음을 내가 알고 있다고.

마음 닿은 모든 곳에 내가 있었다

그렇게 살고 싶은 간절한 바람과 목표들. 반복되는 습관 속에서, 감정에 치우쳐 나와 가까운 상대방에게 차갑고 냉정한 비난이나 비교 섞인 말과 행동은 하지 않았으면 좋겠다. 부디 제발 그랬으면 좋겠다. 이렇게 또 한 번 다짐하며 나를 돌아보는 오늘의 나였다.

2020. 11. 6.

.

## 언행일치
### - 신축년(辛丑年) 새해 소망

　새해가 되면 더 좋은 일들이 가득하길 소원하는 바람들이 참 많다. 그 염원은 나와 당신의 따뜻한 관계를 오롯하게 드러내 준다. 그러나, 좋기만 바라는 일들이 꼭 좋은 것이 아니라는 것을 살아가면서 배우곤 한다. 때로는 위기와 어려운 일들이 삶을 극복하는 지혜를 안겨 주기도 하고, 더 깊이 있게 삶을 대할 수 있는 통찰과 혜안을 가르쳐 주기도 한다. 어려울수록, 시련이 많을수록 내 삶의 깊이가 더욱 깊어지고 다채로워진다고 생각하면 그것은 그것대로 큰 위로가 되어 준다. 새해에는 마주한 모든 일들이 삶의 위안과 평안이 되기를 담담히 소원하며 이 소망을 다정하게 남겨 본다.


　말과 글은 그 본질이 다르지 않다.
　한 마디 한 마디 말하는 대로
　한 자 한 자 적는 글 그대로
　진심 어린 생각을 말과 글에 담아 행동으로 옮길 수 있기를.
　잊지 않고 안팎을 살피며 나아가는 사람이 될 수 있기를.
　늘, 항상, 언제나 나에게 하는 일침.


2021. 1. 1.

# 너의 일상은 어떤지 궁금하다 그것 또한 소중하다

나의 일상에만 몰두하다 보면 때론 너의 일상을 잊곤 한다. 아마도 너의 일상은 나보다 나을 것이다, 아마도 너는 보다 나은 삶을 살고 있을 것이라 스스로 판단하고 단정 짓는다.

무소식은 정말 희소식이 될 수 있을까. 그렇게 생각하고 싶은 나를 향한 변명은 아닐지 모르겠다. 잘 지내고 있니. 네 일상은 요즘 어떠하니. 늘 궁금했는데 먼저 물어보지 못했다. 먼저 알려고 노력하지 않았다. 내가 너무 게을렀다는 생각이 든다.

때로 우울하다는 이야기를 주고받았다. 그러면 정말 우울할 것 같은 시간은 어느새 비워지고 그 자리는 안도와 위안으로 채워졌다. 그런 사람이 곁에 있고, 그런 시간이 있음은 새삼 나의 존재 이유가 되어 삶 전체를 대변해 주는 것만 같았다. 그런 너의 안녕을 잊고 지내는 일상이 유독 슬픈 오늘이었다.

단순히 생각하는 것과 안부를 묻는 일은 사소하지만 매우 큰 차이를 낳는다. 사람의 인연 자체를 바꾸어 놓기도 하는 것 같다. 더 이상 무소식이 희소식이라는 말은 쉽게 꺼내고 싶지 않다. 나는 행동하고 싶고, 먼저 이야기를 건네고 싶고 다가가고 싶다. 그렇게 하기 위한 부지런한 행함으론 무엇이 있을지 고민해 보게 된다.

요즘 나의 일상은 매일 똑같이 흘러가고 있다. 이 똑같이 흘러가는 일상을 규칙적이라 적고 싶다. 아기를 돌보면서 만들어지는 이 규칙적인 일상은 나와 아기 모두를 그 안에서 자유롭고 평안케 만들어 주는 틀이 되어 준다. 그러나 이 틀 속에서도 무기력해지거나 지치거나 우울해지는 그런 부정적인 감정에 휩싸일 때가 있는데 그럴 때마다 나의 안팎을 살피는 것이 얼마나 중요한지 다시 돌아보게 된다.

물론 안으로만 살피면 타인의 안부를 살필 시간 없이 오직 나만 바라보는 자만함에 물들기 쉽고, 밖으로만 살피면 껍데기뿐인 헛헛한 시간만을 보내게 된다. 그래서 적당한 거리에서 나의 안팎을 살피며 너의 안녕을 걱정하는 것이 결국 삶의 도리가 되고 이유가 되기도 하며 커다란 위안이 되기도 한다.

이런 생각을 일으키는 그 인연은 다름 아닌 '친구'다. 소중한 벗을 생각하며 일상을 되돌아보게 되니 얼마나 고마운지. 잠시 꺼진 마음의 불을 다시 밝히며 생각 또한 밝혀 본다. 마음이 환해지

마음 닿은 모든 곳에 내가 있었다

고 의미를 찾을 수 있어 참으로 기쁘다. 이 기쁨을 진정 너와 함께 나눌 수 있는 그날을 나는 언제나 기쁜 마음으로 기다려 본다.

2021. 1. 5.

## 들여다본 마음, 나를 위해 다독이는 마음

인과 연을 부여하면 경계가 허물어지곤 한다. 이것은 그것이 될 수 있고, 그것은 곧 이것이 될 수 있으니, 모든 시시비비로부터 자유로워져야 하는 것이 아닐까. 아니면 그 인과 연이라는 것에 대해, 곰곰 생각해 본 적이 없기에 그것에 구태여 집착하는 마음이 되려 생기는 것일까.

마음이 오염되었다는 생각이 든다. 회복하고 싶은 순수성에 대해 생각하게 된다. 순수성을 회복하여 맑은 마음이 되고 싶다는 생각을 했다. 무엇이 되고 싶다는 생각을 일으키니 그 생각의 한 면만 바라보는 마음이 보였다.

문득 일렁이는 마음을 들여다봤을 땐 마치 폭발 후 흘러내리는 화산의 용암처럼 거뭇했고 뻘겋게 불타 버렸으며 흐르고 있었다. 계속 타오르고 있었다. 검은 재로 변하고 있었다. 마음의 바다는 훨훨 불타고 있었다. 마음의 땅 또한 불타오르고 있었다.

따뜻하고 뜨겁고 생생하게 타오르는 불이 아니라, 소리 없이 재로 만들어 버리는 검은 불덩이들과 고통스러울 만큼 뜨거운 용액이 생각할 겨를도 없이 마음을 태우고 있었다. 가득 채우고 있었다.

순수함은 어떻게 찾을 수 있을까. 어떻게 회복할 수 있을까. 혼탁한 마음을, 더러워진 마음의 물을 어떻게 맑게 할 수 있을까.

집중해야 하는 것은 내 마음의 상태였다. 어떤 외부 요인이나 환경, 지금 순간의 상황이 아니라 오직 내 마음의 상태와 몸과 마음의 건강 등 내적인 부분이었다. 나를 살피고 나를 돌보는 것이 그 무엇보다도 우선이 되어야 했다.

어떤 것도 희생되어야 하는 '나'는 없다. 나의 세계가 어떻게 하면 구축되고 일구어지는지 그것에 집중해야 했다. 그것을 통해 세상을 바라본 지금까지의 경험과 감각과 생각들과 사고들이 어떤 식으로 나에게 영향을 미쳤는지 나는 고찰하는 시간이 필요했다.

깊숙한 내면으로 들어가야 한다. 그것이 동굴이라면 그 동굴로 들어가야만 하고, 그것이 우주라면 그 우주를 알기 위해 나는 가야만 한다. 나에게로.

냉정해야 할 때 나는 매정했고, 배려를 가장한 위선으로 포장되어졌다. 그랬다고 생각한다. 생각된 사고조차 그렇게 해야 한다는 틀 속에 갇혀, 진심으로 한 생각이 아니라 만들어진 사고의 부유물일지도 모르겠다.

결국은 똑같은 생각의 반복이다. 하지만 곱씹을수록 달라진다. 그 형태가 바뀌고 그 모양새가 아주 조금씩이라도 달라진다. 달라져 가는 것이 나의 미세한 감각 하나하나에 느릿느릿 새겨지고 있다. 그렇게 느껴진다.

겉으로 드러나는 것 하나 없을지라도, 내 스스로 달라지고 있음을 느낀다면 그것으로 충분하다. 그것으로도 변화는 늘 시작된다. 얼마나 꾸준히 해낼 수 있을지, 해낼 것인지 또한 내 몫이다. 내 스스로 해야 할 일이다.

평가와 판단과 외적인 모든 태도에 사사로이 신경 쓰지 아니하길 기도한다. 나에게, 내가 나를 위해 해 주고 싶은 격려는 오직 그것인 것 같다. 나에게 집중하라고, 내가 가장 중요하다고 그것은 이기심에서 비롯하는 마음이 아니라 이타(利他)를 위한 이기임을 이해하라고, 받아들이라고. 그래도 괜찮다고 나의 행복이 곧 우주 만물의 행복이라고. 그것을 위해 늘 응원하겠다고. 내가 나를 위해 말이다.

2022. 7. 9.

# 나를 향한 세 가지 다짐을 되새기며

오늘 하루를 마무리하는 이 저녁잠은 내일을 맞이하고 다시 오늘을 시작할 수 있는 원동력이 되어 준다. 하지만 나는 오늘 늦은 시간에 잠이 들었으니 결국은 또 하루를 느지막이 시작하게 될 것이다. 악순환은 쉬이 끊어지지 않는다. 돌이켜 보면 언제나 이미 지나 보내고 나서야 '어쩔 수 없었다.'라는 핑계만이 선명하게 남아 있을 뿐이었다.

오늘도 다양한 감정의 나를 마주했다. 참아야만 하는 나, 인내해야만 하는 나, 그래도 참지 못하고 화가 올라왔던 나, 참았기에 평안했던 나, 참지 못했기에 불편했던 나, 인내했기에 뿌듯했던 나, 인내하지 못했기에 후회스러웠던 나.

감정은 상황에 따라 일렁였다. 상황에 휩쓸린 감정은 파도가 되어 더 크게 출렁거렸다. 그렇다면 내 감정은 어떤 상황에 일렁거린 걸까. 통제하고 싶은 마음, 통제하려는 마음, 나의 기준과 원칙에 맞게 움직이길 바라는 상황들 때문이 아니었을까 생각해 보게 된다. 나는 기준과 원칙을 고집한다. 그 고집을 사소한 곳에 아주 고집스럽게 적용하곤 한다. 아무것도 아닌 일에 마음이 매우 옹졸해진다. 아주 작아진다. 극도로 좁아진다.

이런 나를 발견했을 때, 가장 먼저 시간과 거리가 필요하다. 나를 내버려두는 것, 상황을 내버려두는 것, 상대를 내버려두는 것, 상태를 내버려두는 것. 그러다 보면 조금씩 조금씩 나아지고 있음이 느껴진다. 마음이 점차 숙여진다. 그렇게 굽혀진다. 돌처럼 딱딱할 필요 없고, 꼿꼿할 필요도 없다. 필요한 것은 얼마나 굽힐 수 있는가. 숙일 수 있는가. 유연할 수 있는가. 그것이 중요하다.

내가 좋은 사람이든, 좋은 엄마가 되고 싶든, 내가 나쁜 사람이든, 때로 나쁜 엄마가 되든 이 하루 동안 일어난 모든 나의 모습을 인정하고 마음을 굽힐 줄 알아야 한다. 마음을 숙이고 인정하고 받아들일 줄 알아야 한다.

오늘은 옷을 갈아입다가 스스로 결심하며 적어 둔 세 가지 다짐의 문구가 유난히 더 눈에 띄게 들어왔다. 늘 똑같은 그 자리에 옷 갈아입을 때마다 볼 수 있도록 붙여 뒀는데 그것은 본 게 아니었다. 과연 제대로 본 적이 얼마나 될지 의구심이 들었던 오늘. 말하는 대로 꼭 이루고자 하는 그 다짐을 다시 한번 되새기며 오늘, 이 밤에 남겨 본다.

마음 닿은 모든 곳에 내가 있었다

1. 인생에 가장 좋은 시절은 다름 아닌 지금, 이 순간임을 기억하자.
2. 굳이 말하지 않아도 상대방이 그동안 해 준 고마운 일들에 감사하자.
3. 순간 일어난 화를 참으면 상대방의 입장이 충분히 이해된다.

1년 전의 다짐이었다. 이 세 가지만 지켜도, 이 세 가지만 실천해도 앞으로의 1년은 더없이 충만할 것 같다. 앞으로의 날들이 내 마음에 평안으로 가득할 것만 같다.

2022. 9. 7.

## 오랜만에 나를 돌아보며 돌보며

너무 여러 감정이 올라와서, 너무 오랜만의 나를 위한 시간이어서 글을 쓰기도 앞서 갑작스레 눈물이 먼저 난다. 통 생각할 시간이 없었다. 여유를 챙길 시간도, 나를 돌볼 시간도 없었다. 나는 나를 몰아세우기에 바빴다. 많은 시간 감각을 곤두세우기 바빴던 것 같다.

좋은 사람이 되고 싶고, 유능하고 잘 해내는 사람이 되고 싶은 마음이 드러내지 않아도 너무너무 크다는 것을 잘 알기에 늘 시간에 쫓기는 마음이었다. 부족하다는 생각과 이 시간에 꼭 이것을 해내야 한다는 마음은 언제나 나를 '그러려니'와 거리를 멀게 만들었다. 나는 그러려니, 그럴 수 있으려니 하며 흘려보내는 마음을 일으키기가 무척 어려웠다. 나는 그러하질 못했다. 나는 그렇게 할 수가 없었다.

나는 그렇게 원칙을 중시하면서도 그것으로부터의 일탈을 일삼는다. 그것은 곧 내가 하는 것만이 옳다는 고집의 몸집을 바득바득 키워 가는 행위였다. 하지만 이내 그것은 나를 고립시키고 나를 자책하도록 만들었다. 마음이 내키는 대로 생각하고 행동하면서 뒤따라오는 후회의 감정은, 나를 죄책감으로 물들이면서 동시에 나 자신을 합리화시키곤 했다.

나는 어떤 사람으로 되어 가는 중일까. 나는 딸이면서 아내이고 엄마였다가 전혀 다른 낯선 사람이 되기도 하고 낯선 사람보다도 더 못한 남이 되기도 한다.

항상 무언가를 필요하면서도 무언가를 진정으로 내어 준 적은 살면서 과연 몇 번이나 될까. 위로받기를 원하면서 진정으로 상대방을 위하고 위로한 적은 과연 얼마나 될까. 따뜻하고 친절한 마음을 원하면서 나는 상대방에게 얼마나 따뜻하고 친절했을까.

가장 가깝고 가장 사랑하는 사람에게 나는 얼마나 필요한 마음을 내어 주고 위로를 해 주었으며 따뜻하게 대한 적이 있을까. 나 자신이 아님에도 나 자신처럼 생각하는 가족과 소중한 사람들에게 말이다.

다시 마음을 가볍게 툭툭 털어 본다. 내 마음을 향해 귀를 기울이자 사랑하는 사람에게 따뜻하고 편안하게 대할 수 있는 내가 되었으면 좋겠다는 바람이 몽글몽글 차오르기 시작한다.

타인에게 기대어 행복해질 수는 없다. 행복은 나 스스로 만드는 것. 위로 또한 내 안에서 일으켜 세우는 용기다. 다른 이에게 구하려 할수록 구할 수 없고, 채워질 수 없는 그것이 행복과 위로와 삶의 위안이다.

용기 있는 마음으로 내 마음의 밭을 일구고 살뜰히 보살펴야 한다. 오늘 이 한 문장이 내 가슴을 가득 채운다. 힘이 되는 오늘의 문장이다.

'행복과 위로는 나 스스로 내 안에서 일으켜 세우는 용기다.'

언제나 행복할 수 있다. 감사할 수 있는 마음만 있다면. 그리고 깨달을 수 있다. 내 마음의 안팎을 살피기만 한다면. 나는 그렇게 좋은 사람은 아니지만 그래도 이 삶을 꾸준히 가꿔 나갈 만큼 소중하고 가치 있는 사람이다. 어떤 상황에서든 나의 감정과 가치를 낭비하거나 사멸시키지 말자.

2023. 4. 7.

## 우울을 머금은 내 마음, 내 얼굴

며칠은 마음이 무척 우울했다. 우울했다는 표현이 꼭 맞아떨어지는 날들이었다. 나는 내 아이를 함부로 대했다. 아이를 거칠게 대했으며, 눈도 마주치지 않았다.

그러면서 나는 누구에게 친절과 위로와 위안을 받길 원하는 걸까. 작은 생명에게도 함부로 대하면서 내 마음만 알아달라고, 표현하지 않으면서도 알아주길 바라는 것은 어떤 모순이 엉켜 있는 것일까.

꼭 오늘의 나처럼 우울한 표정과 마음으로 아이를 대하고 하루를 보내는 사람들을 종종 마주하곤 했다. 그럴 때마다 왜 저렇게 지내는 걸까, 어떻게 저렇게 지낼 수 있을까, 하고 의아스럽게 생각한 적이 많았다.

그러나 도무지 이해할 수 없는 일들도 나에게 일어나기 마련이었다. 그 안에서 나는 무표정한 얼굴로 우울을 가득 머금고선 한마디도 할 수가 없었다. 어떤 다정하고 사랑스러운 말들도 꺼낼 수가 없었다.

마치, 매우 위선적인 사람이 된 것만 같았는데, 그것 자체가 모순이었다. 나는 위선적인 사람이었다. 감정적으로 행하며 감정적으로 대응하기에 바빴다. 오직 내 감정을 앞세워 마음을 알아달라고 호소했지만, 누구에게도 닿지 않는 고요 속의 외침이었다.

말로 표현하라고 아이에게 그렇게 호통치듯 가르치면서 정작 나는 그렇게 하지 못했다. 말로도, 몸으로도, 글로도, 어떤 방법으로도 표현하지 못하면서 표현하라고 꾸짖는 내가 우스워진다.

나는 감정을 털어 내려고 애썼지만, 마음이 불편한 밤은 잊히지 않는 법이다. 사라지지 않는다. 눈물로도 씻기지 않는 불편한 마음들이 켜켜이 쌓여만 간다. 차곡차곡 쌓이는 마음들이 벽을 이루어 간다.

자유롭길 갈망하지만, 자유는 점차 멀어져 갔다. 나는 고립되어 갔다. 점점 더 고립되는 나는 어디에도 갈 곳이 없었다. 마음 둘 곳이 없다. 숨고 피하는 것이 더 편하기에 익숙하게 선택하는 일들일지도 모르겠다.

삶은 항상 앞으로만 달려가는데 나는 자꾸 달려가는 길 위에서 주저앉고만 싶어진다. 앞으로 가는 것이, 못내 두려워진다.

2023. 5. 15.

## 다채로운 삶으로부터 느낀 행복

올 한 해에 대한 정리의 마음들을 한 글자씩 적어 보는 깊은 밤이다. 많은 일들이 있었다. 많은 것들이 나를 스치어 갔고, 내가 그것들을 지나쳐 갔고, 스치고 지나친 것들을 쉽게 흘려보내지 않은 날들이 많았다.

그럼에도 하루하루가 소중하다는 것을 언제나 되새기고자 노력하는 날들이 많았고, 후회하거나 아쉽거나 미련이 남는 날보다 그런 와중에도 해낸 것, 해내고자 노력한 흔적들이 더 많이 떠올라, 나 자신이 대견하고 기특하다는 생각이 정말 많이 드는 한 해였다.

매일 시작되는 아침이 새로운 시작이자 끝이었다. 주어지는 시간 속에서 그 순간의 시간과 사투하며 일상을 해내기 위해, 끝마치기 위해 예민해지기도 했지만, 그렇기에 반복되는 일상을 허투루 보내지 않고 그 안에서 노력할 수 있었고, 애쓸 수 있었고, 불필요한 생각 없이 단순한 마음으로 주어진 일상을 살아 낼 수 있었다. 살아갈 힘을 얻었다.

욕심내는 일도 분명 존재했지만, 이유 있는 욕심과 욕심을 향한 건강한 목표들이 나를 그곳을 향하도록 이끌어 주었고, 그를 통해 어떻게 삶을 대하고 어떤 태도와 생각을 지닐 것인지 생각하고 질문하는 것은 즐겁고 철학적인 일이었다.

여전히 나는 주체할 수 없는 '화'라는 감정이 스스로 만든 기준에 각인되어 있다. 그것을 고집할 때 불필요한 감정 소모를 반복하고 있고, '왜'라는 질문을 되풀이하고 있는 것 또한 자명한 사실이다.

그렇지만 앞으로도 나는 변화할 수 있다는 나에 대한 믿음이 있고, 그 믿음들이 모여 진정으로 나를, 나이게끔 만들어 주는 것 같아서 뿌듯하고 행복하다. 소소한 기쁨들이 내 안에 쌓여 가고 있다는 것을 나도 모르는 사이 천천히 느껴 가고 있다는 확신이 든다.

정말이지 특별한 것은 없었다. 특별해야만 하는 것도 없었고 모든 것들이 평범하고 일상적이었으며 반복적이었고 그렇게 나아갈 뿐이었다. 그러나 그런 것들이 모두 특별했고, 특별해졌고, 자유로웠고, 성장케 했으며 살아 있는 기쁨과 행복을 느끼게

끔 해 주었다.

아, 내 삶은 진심으로 다채롭고 철학적이며 소중하고 행복한 것들로 가득하다. 가슴을 가득 채우는 이 다양한 삶의 형태가 나를 행복한 상태로 이끌어 간다. 나를 그렇게 행복하고 소중하고 고맙고 따뜻한, 어떤 한 인간으로 만들어 간다.

이 세상에 내 의지와는 상관없이 태어나 부모의 희생을 양분으로 삼아 이전에는 없던 한 번도 없었던 오직 단 하나의 삶을 살고 있다는 것은 얼마나 놀라운 일인가.

이제 나는 스스로 생각하고 행동하며 느끼고 바라보고 경험할 수 있는 오롯한 존재가 되었다. 이 시간을 살아 낼 수 있도록 다른 이의 시간을 이어받았고 그 사실은 때로 얼마나 경이로운 것인가. 정말 놀랍다. 고맙고, 행복하다. 화가 나고 슬프고 우울할 때조차 그런 것들을 느낄 수 있는 삶을 살고 있다는 사실이 감사하고 행복하다.

나는 존재하고 행복하고 평안하다.

평화롭지 않은 날들도 결국 이내 평안을 찾아 나아가니 삶은

마음 닿은 모든 곳에 내가 있었다

결국 평화롭고 행복한 여정이다. 올해가 그랬다. 나날이 쌓여 이렇게 나를 만들고 변화시켰다. 느끼게 했다. 참으로 감사하다.

2023. 12. 28.

## 촘촘하고 밀도 있는 시간

있는 그대로 바라보기. 판단하지 않기. 그럼에도 마음을 가볍게 여길 것. 보이는 것을 보고 또 봐도 어느 날은 전혀 다르게 보이기도 한다.

예상치 못한 일들, 생각지 못했던 일들은 언제 어디서나 일어나고 있다. 그 일들 가운데 내가 직접적으로 관여할 것인지, 간접적으로 관여될 것인지 그것은 선택에 의해 일어나기도 하고 선택하지 않았음에도 발생하고는 한다.

나에게 일어나는 일들은 내가 이 시간과 그런 환경을 걷고 있기 때문에 겪는 일들의 일부분이다. 이 부분들은 모여서 합을 이루고 전체를 만드는데, 내가 경험하는 부분의 합이 모여 과연 어떤 전체를 이루는가에 대해서는 알 길이 없다.

여전히 나는 전체를 향하여 항해하고 있으며, 부분과 부분을 잇고 엮고 겪고 있는 순간 속에서 살고 있다. 그러나 그런 찰나의 순간들만 존재하는 것은 아니다. 이것은 엄연히 밀도 있는 시간의 흐름 속에서 존재하는 진행형이자 완성형이다.

틈틈이 올라오는 약간 애매하고도 어설픈 서글픈 마음이 나의 수면 아래를 유영하고 있다. 때로 나도 모르게 솟구치기도 하지만, 이내 털어 내려고 노력하면 곧 잠잠해지곤 한다.

모든 일들의 생각과 행동에는 이유가 있다. 제각각 서로 다른 형태와 특징과 원인이 서로의 생각과 행동으로 표현되고 외부로 드러나게 된다. 그것은 그것들대로 존중받아야 함이 마땅하다. 그리고 나는 충분히 나의 의지로 그렇게 행할 수 있다고 생각하게 되었다.

나의 것을, 나만의 것을 고집하지 않으면 편안해진다. 이해하고 훌훌 털어 내면 다름 아닌 내가 편안해진다. 내 스스로가 평안해진다. 내가 일으킨 이유와 생각을 다른 대상에 빗대어 판단하고 해석할 때, 얼마나 많은 충돌과 갈등이 생기는가.

참으로 긴 시간인 것 같으면서도 아주 천천히 아주 조금씩, 때로 뒷걸음질 치면서도 앞으로 나아가는 것 같다. 때로 꼭 대단한 변화를 기대하는 것처럼 내 마음은 욕심을 부추기고 있는 것은 아닐까. 그래도 시간은 똑같이 같은 속도로, 같은 규칙으로, 같은 방향으로 돌아간다. 흘러간다.

촘촘하고 밀도 있게 살아가고 싶다. 흘러가듯 휘날리듯 유연하게 살아가길 소망한다. 그런 하루가 되기를 오늘의 나에게 새겨본다.

2024. 1. 23.

마음 닿은 모든 곳에 내가 있었다

# 네가 나를 엄마라고 불러 주었을 때
# 비로소 나는 엄마가 되었다

1. 이제 나에게는 또 다른 '역할'이 주어졌다. 이것은 내가 한 번도 경험하지 않은 시간이며 오직 나를 존재하게 만든 '엄마'가 걸어간 그 발자취를 따라 새롭게 만들어 가는 미지의 세계다. 그동안 엄마에 관한 생각은 많이 해 봤지만, 내가 엄마가 된다는 생각은 조금 거리감이 느껴지는 대목이다.

나는 어떤 엄마가 될 수 있을까. 어떤 엄마가 되고 싶은가. 내가 되고 싶은 엄마는 엄마를 닮았는가. 내가 해야 할 역할에 나는 얼마나 준비하고 있는가. 진심으로 엄마를 생각한 적은 얼마나 있을까.

엄마가 걸었던 길을 한 걸음씩 걸으면 하루에도 몇 번씩 부모님을 떠올리지 않을 수가 없다. 대단하지 않은 일, 놀랍지 않은 일이 없다. 생각해 보면 기적 같은 일들이다. 나 이전에 엄마가 있고 엄마 이전에 엄마도 그저 자기 자신이었다는 사실이.

새로운 길 안에서 아내로서, 엄마로서 나를 향해 나아가는 인생의 여정이 매일 나를 기다리고 있다. 나는 여전히 철없는 한 인간일지라도, 서툴지라도 나를 온전한 중심에 두고 매일 연습하듯 걸어 나갈 것이다. 그러다 보면 어느새 보다 새롭게 나아갈 수 있다고 다짐하고 싶다. 그렇게 나는 엄마가 되어 가고 있다.

2020. 2. 24.

2. 출산에서 육아, 그리고 인내. 이것이 요즘 내가 생각하며 경험하는 전부인 것 같다. 하지만 집중해야 하는 전부이기도 하며 그동안 걸어온 길을 되돌아보는 격려가 필요한 시간이자 새로운 동기를 끌어내 보는 시간이기도 하다.

나는 엄마가 되었다. 자신감이 한없이 낮아질 때도 있고 괜한 자책으로 마음이 어두워지기도 한다. 쓴소리는 듣기 싫고, 간섭도 불편할 때 많고, 육아 공부를 귀찮아할 때도 무척 많다. 그럼에도 나는 우리 아가의 엄마이고 책임을 다해야 하는 의무가 있다. 그리고 이 안에는 온전한 사랑이 있다.

나는 육아를 하는 나 자신을 더 많이 격려하고 싶다. 그리고 내 앞날을 응원할 것이고, 조금 더 부지런히 공부하며 노력하라는 충고도 나를 향해 아낌없이 해 주고 싶다. 그렇게 아기가 성장하

마음 닿은 모든 곳에 내가 있었다

는 시간 속에서 나 또한 성장하며 성숙하는 엄마가 되길 소망하는 마음으로 바지런히 행동하고 싶다.

2020. 11. 2.

3. 나는 내 부모님이 땀으로 일구어 낸 땅에 뿌리를 내리고 나무가 되었다. 시간이 지나 잎이 모두 지면 땅으로 돌아가, 나 또한 흙이 되고 너 또한 뿌리를 깊이 내려 울창한 나무가 될 것이다. 기름진 흙이 될 수 있도록 노력하는 게 부모가 되는 인생 같다. 참으로 자주 잊곤 한다. 억겁의 시간을 지나 만난 귀중한 인연. 엄마. 아빠. 나의 부모님. 그렇게 나도 부모가 되어 간다.

2021. 4. 9.

4. '행복한 엄마가 좋은 엄마'라고 요즘 읽고 있는 책의 내용을 쓱 한번 적어 본다. 하지만 때로 이 말은 어떤 형식적인 느낌을 풍기는 것 같다.

좋은 엄마의 정답은 없다고 생각한다. 꼭 행복해야만 좋은 엄마도 아니라고 생각한다. 엄마가 행복해야만 한다는 테두리에 엄마를 가두고 싶지도 않다.

나를 키워 주신 우리 엄마도 좋은 엄마고, 오르락내리락 화도 냈다가 후회했다가 매일 아이와 투덕거리며 함께하는 엄마도 결국은 좋은 엄마다. 다만 어떤 엄마가 될지는 '내' 스스로가 선택하고 믿고 나아갈 뿐이다.

나는 어떤 엄마가 될 수 있을까. 생각보다 부담스럽고 비장해진다. 단지 오늘 하루 나는 어떤 엄마가 될 수 있을지 헤아려 봐야겠다.

2021. 10. 21.

5. 하루는 자신감이 마구 떨어져서 우울한 마음이 내 얼굴까지 퍼지는 게 느껴지는 날이었다. 그러다 문득 그래도 내가 해 먹이는 밥 잘 먹고, 나가서도 크게 다치지 않고 잘 놀고, 굳이 나가지 않아도 일상을 자연스럽게 소화하고 하루하루를 보내는 아기를 보면서 감사하자, 이만한 삶과 일상에 감사하자는 마음이 다시금 나를 용기로 채워 주고 가벼운 마음가짐으로 평안케 해 주었

다. 참으로 다행이었다.

다만 나는 나만의 시간이 너무 필요하다고 생각했다. 그것은 긴 시간은 아니었다. 커피 한 잔 잠시 즐길 여유, 책 읽으면서 맞이하는 잠시의 시간, 내 몸을 들여다보는 스트레칭의 시간, 장 보러 가는 잠시 혼자만의 외출.

하지만 모든 시간이 여의치가 않았다. 남편이 시간을 만들어 주어도 마음이, 내 마음이 여의치가 않았다. 나는 기꺼이 육아를 해내고 그 안에서 스스로 만족하며 나 자신을 격려하며, 스스로 일으키는 마음의 여유를 가지고 싶었던 것 같다.

지금 당장은 때로 힘들고 때로 무겁게 느껴지기도 하지만 아기와 함께하는 시간은 기꺼이 할애해야 하는, 다시 오지 않을 소중한 시간이라는 생각을 가져 본다. 그런 마음으로 지금의 나를 다독여 주고 싶다.

육아는 삶을 통째로, 생생하게 배우는 철학이다. 그러면서 나의 마음조차 일으키고 다스릴 수 있으니, 나에게 말해 주고 싶다.

그렇게 우울하고 자신감 없는 마음 갖지 말고 그 시간마저 가볍고 긍정적으로 가지도록 노력하라고. 쉽지 않다고 말만 하지 말고 행동하라고. 계속 행동해서 그 생각이 내 자체가 될 수 있게 하라고. 끝내 그럴 수 있을 거라고 말해 주고 싶다.

2022. 4. 1.

6. 라디오를 듣는데 우연히 이런 공익 광고가 흘러나왔다. "당신은 지금 훈육을 하고 계신가요, 폭력을 하고 계신가요."라고.

단호함은 언젠가부터 '내 뜻대로 해야만 해!'하는 강한 내면의 욕구가 상대를 향한 강요로 변질되어 가고 있다. 이 경계가 참으로 모호하다. 감정에 휘말리게 될 때 훈육은 아기의 짜증과 부딪혀 부정적 태도로 돌변하고야 만다.

그런 한순간 날 서게 반응하면 감정에 상처가 생기고 이후부터는 나도 모르게 화가 섞인 태도로 단호함과 엄함을 빗대어 아기를 냉정하게 대하게 된다.

이럴 때마다 내가 참 부족하다는 생각을 많이 한다. 내가 참 못났다는 생각이 자주 든다. 나는 왜 이렇게 쉽게 받아들이고 쉽게

마음 닿은 모든 곳에 내가 있었다

흘려보내지 못하는 사람일까 하는 생각이 든다.

며칠 사이 혹은 꽤 오랫동안 나의 장점보다 단점을 키우고 확장하는 데 혈안이 되어 있던 것 같다. 계속해서 몸집이 커진 모나고 거친, 삐뚤어진 마음들이 '네가 그동안 그렇게 살아왔기에 그 모양인 거야.'라고 수군거리며 나를 우울하고 좌절하게 만드는 것 같았다.

어느 사람도 이런 생각을 심어 주지 않았는데 이렇게 생각을 키워 낸 나 자신이 무서웠다. 그렇게 생각한 것들이 마치 실제로 그렇게 되어 가는 것 같아서 섬뜩하기도 했다.

긍정적으로 생각해야지. 긍정적으로 생각하자. 긍정. 긍정하자. 긍정으로. 그래도 긍정적으로 생각하는 게 나아. 그래, 그래도 지금 시간이 나를 변화시킬 기회라고 생각해야지. 지금 아기와의 만남이 나를 새로운 사람으로 나아가는 초석이 될 수 있음을 감사히 여겨야지. 아기를 보면서 나를 돌아봐야지. 그러니 얼마나 소중한 기회인지 그렇게 생각하며 오늘도 견뎌 봐야지.

2022. 9. 20.

7. 홀로 해내는 것에 분명 혼자만의 힘으로 하는 것은 아무것도 없다. 마음은 충만하고 기쁨으로 가득하다. 나 자신이 대견하고 기특하며 내 짝꿍 윤이와 함께하는 일상은 삐걱하기도 하지만 귀엽고 사랑스럽고 평안하며 즐거움이 더욱 많은 요즘.

아이를 낳고 엄마가 된다는 것은 내 삶을 포기하는 것이 아니다. 그것은 새로운 문이 열리고 새로운 경험과 새로운 인생을 향해 또 다른 길을 걸어 나가는 일이다. 그곳에서 우리는 다시, 나 자신을 만나고 가족을 만나며, 삶이라는 인생을 배워 가는 것이다.

적어도 나는 그런 생각으로 지금의 인생이 무척 특별하고 소중하다는 생각을 쏠쏠히 해 보곤 한다. 비록 내가 해내는 것들이 아주 작고, 바람 한 점에 날아가 버린다 해도 그래도 결코, 사라지지 않는다. 내가 기억하고 있고 내가 알고 있다. 내가 인정하고 있고 내가 중히 여기고 있기에 보잘것없지 않으며 사소하지 않다. 자신감을 가져도 충분하다. 나는 멋지고 잘 살고 있다.

2024. 6. 13.

8. 지금의 나는 어떤 점이 부족한지 알고 있으며, 어떻게 해 나

가야 할지 생각하는 힘이 있으므로 나 자신을 책망하지 않는다. 다소 난폭한 방법이라 할지라도 그것이 아이를 해칠 만큼 내 자신이 무지하고 폭력적인 인간이라 생각하지 않는다. 내가 나아가는 육아 방향이 잘못되리라 생각하지 않는다. 나를 믿고 나아가야만 점점 더 나아질 수 있으리라 생각하게 된다.

순풍에 살랑이는 바람을 맞으며 순항하는 시기였다. 순조로웠고 많은 것들이 편안했고 익숙하게 흘러가는 중이었다. 그러나 지금은 다시 소용돌이치고 있으며 변덕이 심한 날씨에 맞춰 생각보다 먼저 행동해야 하는 날들이 다시 찾아왔다.

이런 것이 인생이겠지. 이렇게 흘러가면서 발견하는 소중한 순간들을 가슴에 차곡차곡 쌓아서 혼란한 이 시기를 이겨 낼 힘을 스스로 만들어 나가는 것일 테지.

이런 인생을 사랑해야지. 이런 나를 사랑해야지. 이런 혼란을 사랑해야지. 그냥 나이기에 사랑하며 살아가야지.

2024. 10. 24.

9. 나는 분명, 좋은 엄마가 아니다. 좋은 아내도 아니다. 나는

그냥 아이들의 엄마이고, 한 사람의 아내이고, 엄마 아빠의 자식이다. 나에게는 여러 역할이 존재하고 그것을 때에 맞춰 실행하는 내가 있으며, 그 모든 존재가 아울러 내가 된다.

그렇지만 나는 그저 나일 뿐이다. 그냥 엄마이고, 아내이고, 한 여자이며, 한 사람이다. 어떤 평가에도 나는 바뀌지 아니하며 한 평가로 나를 판단할 수도 없다.

하지만 사람들은 한 평가로 나를 판단할 수 있다. 그것은 그들의 자유이다. 그렇지만 나를 존재케 하는 것은 타인이 아니다. 지금, 여기, 이곳에서 내가 하는 일과 생각과 나의 행동들이 나를 존재케 하며 나를 나로서 존재하도록 만들어 나갈 뿐이다.

그러니 육아하는 지금은 나를 잃어 가는 시간도, 내가 지워지는 시간도 아니라 그저 지금의 내가 겪는 내 인생의 한 일부분이 되어 가는, 내 자산이자 오직 나만의 시간인 것이다.

첫째 때보다 둘째 때, 마음의 여유가 많이 느껴진다. 어려움도 있고 마찰도 있고 갈등도 있지만 보다 지혜로운 마음으로 보다 너그러운 마음으로 여유를 갖고자 노력하는 내 자신이 내 안에서 살아 움직인다. 살아 숨 쉬고자 노력한다. 나를 행동하도록 이끌어 준다.

 사회생활은 단절되었지만, 집 안에서 가정 안에서 육아 안에서 내 삶의 시간을 허비하지 않기 위해 나아가는 중이다. 그것은 아이에게 내 시간을 쏟아 내는 것이 아니라, 그저 나로서 존재하기 위해 쌓아 가는 시간임을 내 스스로에게 다시 이야기하고 싶다.

 눈을 감으면 또 이 시간은 몇 겁의 세월을 지나 추억이 되어 있겠지. 감사한 마음으로 매일 매일 똑같은 시간도 소중한 마음으로 새기며 나아가자.

2025. 5. 13.

# 마음 닿은 모든 곳에 나와 당신이 있었다

초등학생 때 학교 숙제로 일기 쓰기가 있었다. 서툰 글씨로 오늘 있었던 일을 꾹꾹 눌러 담아 일기를 써 가면 선생님께선 도장과 함께 '네가 이렇게 생각했다니 선생님도 기쁘구나' 하는 짧은 답장을 일기 끄트머리에 적어 주셨다.

일상을 공감해 주고, 따뜻하게 한마디씩 적어 주신 선생님의 다정한 마음이 나에겐 커다란 기쁨이자 즐거움으로 다가왔다. 그래서인지 더욱 열심히 일기를 썼던 기억이 어렴풋이 떠오른다.

이후로 나는 생각을 정리하고자 할 때, 나에게 이야기하고 싶을 때마다 일기를 썼다. 그렇게 한 두 권씩 늘어 가는 일기장은 생각하는 힘을 키워 주고 나 자신을 자주 살피도록 만드는 마중물이 되어 주었다.

글은 천천히 그리고 꾸준히 나에게 다가왔다. 쓰면서 쌓인 보람으로 기쁨을 누리고 스스로에게 고백하듯 적은 글들이 내가 어떤 사람인지 어떤 삶을 살고 싶은지 생각하는 방법을 알려줬다.

이 시간을 통해 글을 모으고 정리하면서 나는 다시 한번 깨달았다. 언어는 힘이 세다. 물론 생각을 글로 적고 그것을 내 안으로 체화하는 과정은 오랜 시간을 필요로 하지만 생생한 경험을 통해 쓰인 글 속엔 그만큼 진심 어린 마음이 담겨 있다고 생각한다. 결국 생각하는 대로, 행동하는 대로 나는 되어 가고 있다고, 좋은 방향으로 나아가고 있다고 믿는다.

이렇게 꿈꿔온 것들을 행동으로 실천할 수 있어서 더없이 행복하고 기쁘다. 앞서 말한 것처럼 내 삶은 좋은 방향으로 나아가고 있다. 이 안에서 내 삶을 살뜰히 가꾸고 무엇에 기대하거나 기대지 않고 스스로 긍정하는 힘을 믿으면서 지금처럼, 앞으로도 꾸준히 깨달으며 살아가고 싶다.

이런 내가 어떤 곳에서든 어떤 모습으로든 나여서 참 좋다. 있는 그대로의 나를 생각하고, 행동하고, 사랑하고자 노력하는 내가 좋다.

이 책을 마주하는 당신도 그런 존재임이 분명하다. 당신의 삶과 당신의 존재는 있는 그대로 존중받아 마땅하다.

지나고 보니 마음 닿은 모든 곳에 나만 있었던 것은 아니었다. 틈틈이, 사이사이 모든 곳에 나와 당신이 있었다. 서로 다른 모습으로, 서로 다른 인생으로 만났다가 헤어졌다가 또 함께하며 그렇게 삶의 인연을 이어 간다. 슬프면 슬픈 대로 기쁘면 기쁜 대로. 그것으로도 우리의 삶은 충만하다. 그리고 충분하다.

2025년 7월

달팽이에 담긴 내가 좋다.
고심 끝에 그려진 달팽이에 따뜻함이 묻어 있고,
너의 손끝엔 애틋한 마음이 묻어 있다.
고마워. 행복하자. 함께. 앞으로도.

마음 닿은 모든 곳에 내가 있었다

© 최은경, 2025

초판 1쇄 발행 2025년 10월 1일

지은이      최은경
펴낸이      이기봉
편집        좋은땅 편집팀
펴낸곳      도서출판 좋은땅
주소        서울특별시 마포구 양화로12길 26 지월드빌딩 (서교동 395-7)
전화        02)374-8616~7
팩스        02)374-8614
이메일      gworldbook@naver.com
홈페이지    www.g-world.co.kr

ISBN    979-11-388-4736-0 (03810)